15 miradas a la salud emocional

15 MIRADAS *a la* SALUD EMOCIONAL

Ana María Núñez de Arzt, Ana María Rotundo, Carmen Carrión Ruiz de la Hermosa, Cristina Magill López, EZAO, Francesca Guerrero, Juana Artero Ávila, J. C. Decodes, José Ramón Pardo, Marcelino Carretero Sanguino, María de Mena, Marian Ruiz Garrido, Montserrat Canela Garyoa, Nacho Ruiz Hens y Nohora M. Parga.

Prólogo de Montse Prados

Primera edición: abril de 2025

Arcopress • Colección Desarrollo personal
Dirección editorial: Pilar Pimentel
Edición al cuidado de Rebeca Rueda
Diseño de cubierta: Fernando de Miguel

www.arcopress.com
pedidos@almuzaralibros.com - info@almuzaralibros.com

Editorial Almuzara
Parque Logístico de Córdoba. Ctra. Palma del Río, km 4.
C/8, nave L2, n.º 3, 14005, Córdoba.

Imprime: Kadmos
ISBN: 978-84-10354-30-2
Depósito legal: CO-568-2025
Hecho e impreso en España - *Made and printed in Spain*

ÍNDICE

PRÓLOGO

Las emociones son la «chispa de la vida», respuestas neurales y químicas que desempeñan una función reguladora con el fin de inducirnos hacia la acción, tal como describe el neurocientífico Antonio Damasio. Forman una parte fundamental de la experiencia humana y nos han permitido evolucionar y sobrevivir como especie. Todas son válidas y tienen utilidad: tanto las que vivimos de forma positiva, como la alegría o la esperanza, ya que constituyen una respuesta a un estímulo agradable, como aquellas que catalogamos de desagradables, como el miedo y la tristeza. Cada una de ellas cumple alguna función esencial: proporcionar información valiosa sobre nuestras preferencias y valores; influir en la evaluación de riesgos y recompensas, o afectar nuestra motivación para actuar. Las emociones que clasificamos como desagradables tienen además una clara contribución en la supervivencia y adaptación de nuestra especie, ya que nos orientan a encontrar recursos y resolver problemas de forma urgente. No nos gusta la emoción que desencadena el miedo, pero es a través de él que nuestro cuerpo identifica situaciones de riesgo. El miedo es la señal que nos hace reconocer el peligro y que propicia una respuesta adaptada a las necesidades de la situación, como puede ser correr o huir.

Las emociones nos envían mensajes que hemos de saber interpretar para actuar en consecuencia. La Organización Mundial de la Salud advierte que fallar en esa interpretación implica una mala gestión emocional, lo que nos hace más vulnerables a enfermedades de toda índole. Sabemos también que una gestión incorrecta de las emociones se relaciona con niveles de estrés y cortisol elevados, lo que supone un factor de riesgo para enfermedades como la diabetes, la obesidad o dolencias cardiovasculares.

La salud emocional es fundamental para gozar de un estado de bienestar pleno que nos permita desarrollar una vida con suficiente motivación y eficacia, para poder experimentarla con todos sus matices, dando una respuesta adaptada y acertada a cada situación. Todos pasamos por situaciones que implican a veces estados de ansiedad, por ejemplo, por la incertidumbre que depara el futuro, o bajos estados de ánimo. Si bien no podemos evitar las situaciones que nos causan emociones desagradables, no se trata de evitarlas, sino más bien de aceptarlas, abrazarlas y gestionarlas de forma adecuada.

Lo mejor que podemos hacer es entrenar nuestra inteligencia emocional, es decir, la capacidad de reconocer, comprender y gestionar las propias emociones y las de los demás de manera efectiva. Como dice Carl Rogers, padre de la psicología centrada en la persona, «no se trata de sacar el sentimiento de la mente ni de esconderlo en ella, sino de experimentarlo con aceptación». Debemos tomar conciencia de lo que sentimos; hacer una correcta interpretación de las emociones y los sentimientos, y admitir que simplemente suceden. Así como las emociones son respuestas que ocurren de manera espontánea e inconsciente, su interpretación con relación a los pensamientos relacionados debe ser un proceso consciente.

En este libro vas a conocer quince aproximaciones a la salud emocional que tienen en común un enfoque holístico de la misma y donde el autocuidado de las emociones tiene un papel fundamental, al igual que el rol que estas desempeñan en nuestra vida. Conocerás historias reales, como las de Marian, Nacho o Nohora, quienes, presentando diferentes enfermedades graves, desencadenadas por distintos factores a lo largo de su biografía, desarrollan capacidades tan importantes como una fuerte resiliencia, no solo para seguir adelante tras los respectivos diagnósticos, sino también para orientar sus vidas tras él con un propósito vital enriquecedor basado en el aprendizaje y el autoconocimiento. Por su experiencia docente, Juana, Juan Carlos y María destacan en sus capítulos la importancia de la educación emocional en la infancia y adolescencia. Y es que, si queremos adultos sanos, tenemos que empezar por el cuidado de la gestión de emociones en los niños. La formación de nuestros hijos va más allá de la enseñanza de las ciencias y las lenguas. Un estilo de vida saludable significa mucho más que la alimentación correcta y la actividad física. Con Ana María Núñez y Rotundo, y EZAO aprenderás sobre el papel relevante que tiene el autoconocimiento, la identificación de las emociones y la regulación de las mismas para conseguir un equilibrio y una salud integrales. Conocerás la importancia del autocuidado de forma global para alcanzar la salud plena y cómo llevarlo con los capítulos de Mari Carmen, Cristina y Francisca. Por último, José Ramón, Marcelino y Montserrat destacan en sus capítulos cómo el optimismo y la comunicación médico-paciente juegan un papel fundamental en la evolución y erradicación de las enfermedades.

Como dicen mis compañeros los doctores Juffé Stein and F. Menéndez Osorio, en su artículo reciente «El poder de la palabra en la curación del paciente», no cabe ninguna duda de que necesitamos un futuro más humanizado en la profesión, donde la empatía y la escucha pasen por delante de la medicina meramente instrumentalizada que caracteriza nuestra situación actual.

Diariamente en la consulta me encuentro con personas preocupadas por su salud metabólica, personas que buscan conseguir un buen control del azúcar, la tensión o el colesterol y que reconocen como respuesta adecuada tomar medidas sobre alimentación y la actividad física. Ahora bien, cuando les hablo sobre la influencia del estrés y emociones en su salud no solo psicológica, sino también física, muchos de ellos se sorprenden o no la consideran relevante. Los profesionales sanitarios tenemos la difícil pero bonita tarea de fomentar el autocuidado en todas sus vertientes, ayudando así a las personas a tomar consciencia del papel fundamental de crear rutinas saludables no solo en alimentación, actividad física y descanso, sino también en el cuidado emocional. No se trata de buscar «sentirse bien» todo el tiempo, sino de aprender a reconocer lo que nos ocurre y aceptarlo, sosteniéndonos en la incomodidad y desarrollando habilidades que nos permitan hacer frente a los retos o crisis que se nos presentan.

La salud emocional es un aspecto clave no solo para ser feliz y vivir en equilibrio y paz con nosotros mismos y nuestro entorno, sino también para evitar el desarrollo de trastornos mentales, como la ansiedad y la depresión, y físicos, como enfermedades cardiovasculares y neurodegenerativas. Toda emoción con consecuencias en la salud está asociada a un estado de necesidad que debemos resolver. Si las ignoramos, estaremos llevando a cabo una mala gestión de las emociones, lo que potencialmente se convertiría en un factor de riesgo para enfermedades bastante más graves. Os dejo ahora con este interesante y valioso libro.

MONTSE PRADOS (PHD)

Autora del libro *La medicina que necesitas eres tú. Hábitos antiinflamatorios para una salud extraordinaria.*

ANA MARÍA NÚÑEZ DE ARZT

«DE LA ENFERMEDAD A LA SALUD: EL SECRETO ESTÁ EN TI»

Libre por naturaleza y convicción, estructurada por placer y educación. Ana María es una ingeniera de 52 años, máster en administración de negocios, consultoría internacional y arquitectura empresarial. Trabaja actualmente en la Agencia Espacial Europea. Hace varios años, siendo vicepresidente en una transnacional alemana, una complicación de salud le hizo dar un giro radical en su vida y comprendió que no hay nada más valioso en la vida que nuestra propia salud. Desde entonces se dedica a estudiar por su cuenta temas de salud física, mental y emocional. Todos los cursos llevados, libros leídos y entrevistas realizadas con destacados profesionales de sanidad la llevaron a convertirse en divulgadora de salud a través de su blog *Salud sin Dramas*. Ana María cree firmemente que cada uno es responsable de su propia salud, que la medicina va mucho más allá de lo que hoy se entiende en la medicina convencional occidental y, sobre todo, que la única manera de mantener y recuperar la salud es a través de la coherencia interior, entendiendo que somos un ente indivisible de cuerpo, mente y emociones. Afirma que no podemos cuidar nuestro cuerpo si no cuidamos nuestra mente, y no podemos cuidar nuestra mente si no cuidamos nuestras emociones. Participa en este libro para contribuir y compartir informaciones de valor para vivir bien y mejorar la salud sin tanto drama.

Puedes visitar a Ana María en su blog: www.saludsindramas.com y seguirla en Spotify, YouTube, Instagram y TikTok como @saludsindramas.

DE LA ENFERMEDAD A LA SALUD: EL SECRETO ESTÁ EN TI

Querida lectora, querido lector, con seguridad conoces a alguien que se queja de no tener buena salud y hasta de padecer enfermedades graves. Tal vez, incluso es tu caso. Si estás leyendo este libro, es porque sabes que en realidad solo tú puedes hacerte cargo de tu bien más preciado: la salud. Es verdad que contamos con profesionales médicos de todas las disciplinas y que, con su experiencia y en su calidad de expertos, se convierten en nuestros aliados para ayudarnos a conservar o recuperar el equilibrio que nos permitirá vivir de modo saludable, pero... —y aquí viene el tema central de este capítulo— la salud es la responsabilidad de cada uno de nosotros, de nadie más. La buena noticia es que todos tenemos la capacidad de recuperarla si tenemos la valentía de mirar hacia adentro, de conocernos y amarnos lo suficiente para volver a ese estado natural de equilibrio que nos permitirá gozar de plena salud.

NUESTRO ESTADO NATURAL ES ESTAR SANOS

La Organización Mundial de la Salud (OMS) define en el preámbulo de su constitución el concepto de «salud»: «La salud es un estado de completo bienestar físico, mental y social, y no solamente la ausencia de afecciones o enfermedades».

Esta definición es bastante acertada en cuanto que incluye no solo el bienestar físico, sino también el mental y el social. Sería bastante más acertada si incluyese también el bienestar emocional. ¿Por qué? Porque el equilibrio interior que nos lleva a la salud es el resultado del equilibrio de todo nuestro ser, y nuestro ser es un ente indivisible de cuerpo, mente y alma. Con el propósito de simplificar, uso la palabra *alma* para referirme al conjunto de nuestras emociones y, en contraposición, la palabra *mente* para referirme al conjunto de nuestros pensamientos.

Cuando estamos en equilibrio, es decir, cuando hay coherencia entre lo que hacemos, lo que pensamos y lo que sentimos, el resultado es que gozamos de buena salud, y esto se ve reflejado en nuestra piel, en nuestra sonrisa, en la salud de nuestro cuerpo, en el nivel de energía y en el alto grado de paz y disfrute en nuestra vida cotidiana. En cuanto salimos de ese equilibrio, nuestro cuerpo expresa enfermedad. Y atención aquí: no se trata de enojarnos, ignorar o maldecir la enfermedad que nos aqueja. Lo que tenemos que hacer es entender qué la está ocasionando y verla como una especie de correo electrónico que nos envía nuestro cuerpo para informarnos de que algo por dentro ha dejado de estar en equilibrio e indicarnos que le prestemos atención.

Con los avances de la ciencia, no cabe duda de que nuestras emociones, nuestros pensamientos y nuestro cuerpo físico se influyen mutuamente. Por esta razón, la medicina occidental y los médicos están tomando ya conciencia (aunque, para mi gusto, de modo muy lento) de que no pueden tratar a sus pacientes como meros entes portadores de enfermedades, sino a cada uno como un individuo único y complejo que debe ser tratado prestando atención no solo a su sintomatología física, sino también considerando sus emociones, pensamientos y las interacciones con sus entornos social, laboral, familiar, amical, vecinal.

Lamentablemente, parece ser que los sistemas de salud en Occidente se olvidaron de que la medicina no es solo ciencia, sino también arte, el arte de oír y entender al paciente, y por eso los médicos no cuentan con la cantidad de tiempo que deberían dedicar para entender las circunstancias de cada uno, y se decantan por centrar toda su atención en la enfermedad, en lugar de en la persona. Más aún, la «industria de la salud» en Occidente es, en realidad y en su mayoría, una «industria de la enfermedad», porque se centra en tratar enfermedades, que no es lo mismo que curarlas o prevenirlas. Esa sería la verdadera labor de una industria enfocada en la salud: en primera instancia, curar, pero con el claro propósito de centrarse en la prevención. Por obvias razones, una industria así sería bastante menos lucrativa; por eso, la «industria de la enfermedad» actualmente se encarga solo de «tratar», y es así como perpetúa enfermos que la sostengan. Es tanto el foco puesto en la enfermedad que el catálogo actual de enfermedades considera más de 155.000 padecimientos.

LA EPIGENÉTICA VENCE A LA GENÉTICA

Hace algunas décadas, estudios de la Escuela de Medicina de Harvard pregonaban que la genética determinaba el bienestar y la salud de las personas. Afortunadamente, hoy el discurso ha cambiado: gracias a los avances del conocimiento, ya sabemos que los genes predisponen, pero no determinan. Sabemos también que el epigenoma (la colección de todas las marcas epigenéticas en el ADN de una sola célula) puede ser afectado por experiencias positivas, como relaciones significativas buenas, oportunidades de aprendizaje y desarrollo de la persona, etc., o por experiencias negativas, como toxinas medioambientales o circunstancias de vida estresantes. Estas experiencias dejan una «firma» epigenética única en los genes y determinan si se activan o no. Estudios recientes demostraron que puede haber varias maneras epigenéticas de revertir ciertos cambios negativos y restaurar el estado de salud.

Para hacer este concepto más tangible, utilizaré como ejemplo el resultado de mis propios análisis de ADN. Según ellos, tengo una probabilidad ligeramente mayor que el promedio (entre quienes han pasado por dichos exámenes) de padecer la enfermedad de Alzheimer.

Como sabemos, esta enfermedad es un trastorno neurodegenerativo que cursa con deterioro cognitivo y trastornos conductuales. Se caracteriza, en su forma típica, por pérdida de memoria y de otras capacidades mentales que se agravan a medida que se atrofian diferentes zonas del cerebro. Es la forma más común de demencia y afecta a más de 32 millones de personas en todo el mundo. Si bien se desconocen las causas exactas de esta enfermedad, las investigaciones indican la presencia de daño neuronal con pérdida de conexiones y muerte celular como su origen, combinado con factores ambientales (epigenéticos) que afectan al cerebro a lo largo del tiempo. También existen casos de Alzheimer familiar, provocados por mutaciones puntuales, pero suponen menos de un 1 % del total.

¿Qué significa eso para mí? Significa que, teniendo yo la facultad de influir en los factores ambientales que me afectan (epigenética), estoy en condiciones de lograr que esa predisposición genética no se manifieste en mí. Esa es una gran noticia. Aunque se desconocen, por el momento, mecanismos exactos que permitan la prevención total de la enfermedad de Alzheimer, existe evidencia sólida de que varios factores relacionados con el estilo de vida saludable pueden disminuir el riesgo de padecer dicha enfermedad y otros tipos de demencia. Los estudios llevados a cabo hasta ahora sugieren que la práctica de ejercicio regular, la alimentación saludable y el mantenimiento de la actividad cerebral mediante un aprendizaje permanente tienen un efecto protector frente a esta patología. Además, el control de la presión arterial, de la glucemia en sangre y evitar el consumo de alcohol y tabaco parecen tener también efecto de disminución del riesgo de padecer demencia.

Para diferenciar la epigenética de la genética, usemos una metáfora muy simple: imaginemos que nuestro cuerpo es un revólver y que las balas con las que está cargado son los genes que predisponen enfermedades. Mientras no tiremos del gatillo (epigenética), no pasará nada, nada en absoluto con esas balas; pueden estar ahí nuestra vida entera y no se dispararán. Y disparar el gatillo es algo que está en nuestras manos, es una decisión que depende de nosotros. ¿Qué significa no disparar el gatillo en este caso? Significa tener un estilo de vida sano, procurarnos experiencias de vida positivas, vivir de modo consciente en nuestras tres dimensiones: cuerpo, mente y alma. Mejorando los hábitos que afectan estas dimensiones, podemos empezar a generar cambios mucho más positivos de lo que imaginamos, cambios que repercutirán de forma directa en nuestra salud.

Lo que hagamos cada día, aunque parezca que pasa inadvertido, tendrá siempre efectos en nuestra vitalidad, en nuestra fortaleza, nuestra capacidad cognitiva, nuestro sistema inmune, nuestro estado de ánimo, en el funcionamiento de nuestros órganos y, finalmente, en la prevención de enfermedades y del deterioro de nuestro organismo. Para eso, el requisito indispensable es el autoconocimiento.

DEBEMOS EMPEZAR POR AUTOCONOCERNOS

Aunque suene a obviedad, la mayoría de nosotros no nos conocemos. Es verdad también que resulta difícil saber quiénes somos en verdad, porque desde que nacemos estamos imbuidos en un círculo social que nos influye sobremanera; sin nuestro permiso, se entiende. Muchas veces, esa influencia puede afectarnos de manera positiva; otras, no tanto.

Veamos pues qué significa conocernos en cada una de estas dimensiones:

Dimensión física

Empecemos por la dimensión física, la más evidente. Si hablamos de nuestro cuerpo, la mayoría de nosotros lo da por sobreentendido: ni atención le prestamos; asumimos que está ahí y que funcionará bien por el resto de nuestros días. Hasta que deja de hacerlo. Un ejemplo banal: ¿te has lastimado alguna vez un dedo pulgar? Confieso que yo jamás les había prestado mucha atención a mis pulgares hasta el día que me lesioné uno. Es increíble la cantidad de movimientos en los que participan estos dedos. ¡Hasta para subirnos los pantalones! No lo notamos porque no tomamos conciencia real de nuestro cuerpo... hasta que falla algo.

¿Cómo conocer este físico nuestro? Por ejemplo, haciéndonos un análisis completo. En un caso ideal, consultarás con un médico que actúe como un aliado para tu salud, no como el dios en bata blanca que decide sobre tu vida, y él o ella te recomendará los exámenes necesarios. Si quieres tener una idea sobre este tipo de exámenes, te dejo aquí la lista de los que yo hago desde hace muchos años para monitorear mi salud corporal; exámenes recomendados también por el Dr. La Rosa en su comunidad digital y por el Dr. Krouham:

- Hematología: hemoglobina (Hb), hematocrito (Hct), recuento de glóbulos rojos (RBC) y glóbulos blancos (WBC), recuento de plaquetas (PLT).
- Metabolismo: glucosa en ayunas, hemoglobina A1c (HbA1c), insulina, homocisteína, índice HOMA, ferritina, transferrina.
- Lípidos: colesterol total, colesterol LDL, colesterol HDL, colesterol VLDL, triglicéridos, lipoproteína A (Lp(a)), apolipoproteína A (Apo A), apolipoproteína B (Apo B), lípidos totales.
- Electrolitos: sodio, potasio, cloruro, calcio, magnesio, fosfato (PO4), manganeso, selenio, zinc, ferremia (hierro sérico).
- Función hepática: bilirrubina total, bilirrubina directa, alanina aminotransferasa (ALT), aspartato aminotransferasa (AST), fosfatasa alcalina (ALP), gamma-glutamil-transferasa (GGT), proteinograma.
- Función renal: urea, creatinina, ácido úrico.
- Hormonas (ambos sexos): tirotropina (TSH), triyodotironina (T3), tiroxina (T4), tiroxina libre (T4 Libre), T3 reversa, anticuerpos antitiroperoxidasa, anticuerpos antitiroglobulina, cortisol, prolactina, somatotropina (GH), IGF-1 (factor de crecimiento).
- Hormonas femeninas: estradiol, progesterona, LH (hormona luteinizante), FSH (hormona folículo estimulante), testosterona total, testosterona libre, testosterona biodisponible (sí, nosotras también tenemos testosterona, y es necesaria para el buen funcionamiento de nuestro organismo, que esté en los niveles adecuados), estrona, DHEA-S (dehidroepiandrosterona sulfato), SHBG (globulina ligadora de hormonas sexuales).
- Marcadores de inflamación: homocisteína, proteína C-Reactiva de alta sensibilidad (hs-CRP), velocidad de sedimen-

tación globular (VSG), anticuerpo antitransglutaminasa IgA e IgG, anticuerpo antipéptidos deaminados de gliadina IgA e IgG.

– Adicionalmente, exámenes de metales pesados en sangre, como el mercurio, aluminio y cadmio; marcadores de estado de ánimo, como los niveles de dopamina y serotonina, así como de vitaminas, como vitamina A, vitaminas del grupo B y vitaminas C, D, E y K. Los exámenes de orina y de heces completarán el esquema. Yo incluyo también análisis de microbiota y de telómeros, de densitometría ósea, y también de porcentaje de grasa, músculo y agua en mi cuerpo.

Puede darte la impresión de que realizar estos exámenes es mucho trabajo; sin embargo, ¿no vale nuestra salud la molestia de un pequeño pinchazo para que nos saquen sangre y la toma de muestra de orina y heces? Yo creo que sí. Pasar por estos análisis una vez al año es una apuesta que yo hago por mi salud. El día en que algún valor salga de los límites óptimos (no solo de los normales), no dudaré en consultar al especialista pertinente.

Con independencia de que tú te los hagas o no, hay factores incuestionables que determinarán la calidad de tu salud física: el nivel de hidratación, de nutrición, la cantidad y calidad de sueño, y la frecuencia de movimiento y ejercicio físico.

Dimensión mental

Pasemos ahora a la dimensión de la mente. Aquí el tema ya no es tan obvio, porque los pensamientos no se ven. Un brazo roto se nota a simple vista; un pensamiento roto, no. ¿Y cuáles son esos pensamientos «rotos» que valdría la pena analizar y hacernos conscientes de ellos? Las creencias que nos limitan. Aquellas ideas o dogmas que dominan nuestra vida y la condicionan, y que muchas veces ni siquiera sabemos de dónde las sacamos.

Analicemos cinco ejemplos de ese tipo de pensamientos rotos o creencias limitantes:

1. «No soy suficiente». Son diversos los motivos que nos llevan a pensar así: la publicidad, por ejemplo, o las imá-

genes publicadas en redes sociales. A veces, se nos olvida que las imágenes de las personas mostradas en esos medios están producidas, retocadas de modo exagerado, y que solo reproducen momentos en la vida de esas personas, en ningún caso representan sus vidas completas. Tendemos a compararnos con lo que vemos y pensamos que algo está mal con nosotros porque no somos ni tan guapos, ni tan ricos, ni tan exitosos, etc. Ese pensamiento, si se convierte en una programación mental, terminará por enfermarnos.

2. «El dinero es sucio». Algunas veces oí decir a gente con dificultades financieras que el dinero es sucio, que quien tiene éxito financiero es porque tiene dinero mal ganado, que ser pobre es una virtud. No es casual. Si nuestro paradigma, pensamiento recurrente o creencia dice que tener dinero está mal, estaremos alineados con esa convicción y, de una manera u otra, pasaremos por angustias financieras, porque, al creernos ese programa mental, lo convertimos en nuestra realidad y termina por estresarnos y enfermarnos.
3. «El sexo es pecado». Es probable que esto ya no suene hoy en día como sonaba unas décadas atrás. Por suerte, se viene reivindicando el significado real del erotismo como el placer de vivir, y la sexualidad está dejando de ser tabú. ¿Cómo podría la sexualidad ser «pecado» o algo malo, cuando de ella nacemos? Sin relaciones sexuales, no existiríamos. Si coincidimos en que lo más sagrado es la vida misma, ¿cómo podrían sus orígenes ser «pecado»? Quienes mantengan esas creencias en su mente limitarán su propio placer, no podrán gozar de una vida sexual plena y acabarán enfermándose también, sintiendo, además, culpa o frustración.
4. «El amor propio es egoísmo, debo sacrificarme por los demás». Por desgracia, algunas doctrinas religiosas predominantes en Occidente nos hicieron creer que el autocuidado y el amor propio son comportamientos egoístas. Quienes enseñan esas doctrinas suelen olvidar que, para poder amar al prójimo como a uno mismo, tenemos que ser capaces de amarnos a nosotros mismos primero. La cultura del sacrificio, de ponerse uno en último lugar en la lista

de prioridades, también enferma, generando culpa en quienes intentan salir de esa creencia para autoatenderse. Esto limita el desarrollo personal, acrecienta el nivel de insatisfacción y acaba manifestándose como enfermedad.

Como vemos, el resultado de ese tipo de creencias y pensamientos limitantes origina algún modo de frustración, disgusto o estrés que generará desequilibrio y afectará de forma negativa la salud. Por ello es de vital importancia que miremos en nuestro interior y hagamos conscientes los pensamientos y creencias inconscientes que nos gobiernan, para decidir cuáles nos aportan bienestar y salud, y cuáles no, dándonos así la oportunidad de cambiarlos, en tal caso, por otros que contribuyan a nuestro bienestar.

Dimensión emocional

Vayamos ahora a la dimensión de las emociones: lo que sentimos afecta nuestro cuerpo físico, qué duda cabe. Todas las emociones influyen en la salud. Las llamadas emociones «positivas», como la alegría y el humor, la fortalecen y hasta nos ayudan a transitar periodos de enfermedad, contribuyendo a la recuperación. Las emociones mal llamadas «negativas», como la tristeza y la ira, cuando no son gestionadas apropiadamente, nos dañan, propiciando la aparición de ciertas enfermedades al poner al sistema inmunitario en un estado de vulnerabilidad, lo que imposibilita su correcto funcionamiento.

La OMS afirma que más del 90 % de las enfermedades tienen un origen psicosomático. Hoy sabemos que todas las enfermedades son consecuencia de fenómenos psicosomáticos o somatopsíquicos, algo evidente si sabemos de la profunda interacción que existe entre las emociones y los sistemas nervioso, inmune y endocrino. Se ha demostrado también que el estrés influencia el desarrollo de enfermedades infecciosas, como herpes o gripe, ya que debilita la acción del sistema inmunitario. Por otra parte, la relación entre estrés y cáncer parece estar en los efectos supresores sobre nuestra propia inmunidad causados por el estrés. Si se deprimen las funciones inmunitarias, los organismos tienen menos capacidad para enfrentarse a los agentes cancerígenos y patógenos en general.

Si bien la relevancia de una adecuada gestión de emociones para nuestra salud no es aún una verdad popular (como lo es cepillarse los dientes varias veces al día), se están haciendo progresos a nivel educativo y laboral. Muchas empresas saben que es más rentable tener empleados sanos que enfermos y que la gestión de las emociones es fundamental no solo para el bienestar individual, sino también para el rendimiento laboral.

Es importante que uno mismo tome riendas en el asunto y que no sienta temor o vergüenza de pedir ayuda a un especialista cuando note que las emociones le sobrepasan. Esa creencia limitante de que al psicólogo solo van los locos o los débiles mentales es la primera que debemos descartar. En un mundo ideal, los médicos deberían trabajar en conjunto con psicólogos y terapeutas para ofrecer a los pacientes tratamientos integrales, que consideren la recuperación tanto de factores físicos como emocionales, sabiendo que hay una innegable influencia constante y mutua.

LA CLAVE DE LA SALUD ES NUESTRO EQUILIBRIO INTERIOR

Una vez que hemos aprendido a conocernos y sabemos qué contribuye a un óptimo estado de salud y qué no, debemos redoblar los esfuerzos para incrementar aquello que nos devuelve a nuestro equilibrio y reducir —mejor aún, eliminar— aquello que nos resta bienestar. El compás que yo misma uso para saber en qué grado de equilibrio estoy, es mi nivel de paz interior. Mientras más equilibrio haya en mí y más coherencia haya entre mis acciones, mis pensamientos y mis emociones, más paz interior tendré. Mientras más paz interior tenga, mejor será mi estado de salud. Mientras más me aleje de ese equilibrio que genera paz, mayor será el número de mensajes que envíe mi cuerpo en forma de enfermedad o malestar con el fin de alertarme.

Tampoco se trata de autoflagelarnos cuando nos alejamos de esa coherencia y el cuerpo enferma. El ser humano es siempre un proceso, no somos foto, somos video. Como nos dice Nilda Chiaraviglio, «no somos, estamos siendo».

La vida y nosotros mismos estamos en un proceso de cambio constante, siempre con la libertad de reinventarnos para poder ser una versión más auténtica y, por lo tanto, más sana de nosotros mismos. Tratémonos con el amor con el que trataríamos a nuestro mejor amigo. Muchas veces somos demasiado duros con nosotros mismos. Practiquemos la autocompasión, y, ¡atención!, no estoy hablando de tenernos lástima ni ponernos en «modo víctima», uno de los comportamientos más dañinos que existen. Se trata de tenernos paciencia, de perdonarnos por no saber las cosas que no sabíamos cuando no las supimos, de darnos nuevas oportunidades de hacer las cosas mejor. La clave para estar sanos es conocernos y tratarnos bien. «Tratarnos bien» significa alejarnos de aquello o aquellos que no contribuyen e incluso reducen nuestro bienestar. Significa hacernos cargo de nuestra propia salud, siendo conscientes de quiénes somos en nuestra actual etapa de vida, sabiendo que todo es un cambio continuo, que lo que contribuye a nuestro bienestar hoy no necesariamente contribuirá a nuestro bienestar mañana. Vivir de modo consciente nos dará salud.

Bibliografía

Dr. Alexander Krouham (2018). *Medicina funcional.* Trilce Ediciones. Pág. 27.

https://www.who.int/es/about/frequently-asked-questions.

https://developingchild.harvard.edu/resources/what-is-epigenetics-and-how-does-it-relate-to-child-development/.

https://genportal.tellmegen.eu/results/diseases/32/0.

https://genportal.tellmegen.eu/results/diseases/32/0.

https://genportal.tellmegen.eu/results/diseases/32/0.

https://comunidad.drlarosa.com/c/contenidos/listado-de-determinaciones-para-analisis-de-sangre.

https://enmilpalabras.blog/episodio-107-indicadores-de-salud-entrevista-con-el-dr-a-krouham/.

https://psicologiacientifica.com/emociones-y-salud-psicologico-fisiologico/.

https://psicologiacientifica.com/emociones-y-salud-psicologico-fisiologico/.

https://www.nilda.com.mx/cursos.

ANA MARÍA ROTUNDO

«LAS EMOCIONES Y LA SALUD»

Ana María nació en Caracas, Venezuela. Es graduada en Administración Comercial y Contaduría Pública, con especialización en banca y finanzas, sector en el que ejerció su profesión por más de 25 años.

En 2018, realizó varios talleres literarios en Panamá, país donde le fueron publicados tres de sus relatos cortos en el diario de circulación nacional *La Estrella de Panamá*. Ese mismo año, creó la página web www.elalmanotienegenero.com. Editorial Caligrama publicó en 2019 su primera novela, *La espiral de Enós*, que trata sobre la contradicción y la dualidad del debate interior del ser humano. En 2023, Aliar Ediciones le publicó una antología de relatos cortos titulada *Entre cuentos*, con ilustraciones realizadas por Isabela Rotundo.

Durante el primer trimestre de 2024, la editorial Almuzara publicó el libro *15 miradas a la amistad*, en el cual participó en coautoría con otros autores, y Grupo Sar Alejandría le publicó la novela *Figmentos*, que trata sobre la historia de una familia en torno a diversos acontecimientos que convergen en una realidad ambientalista, con un desenlace sorprendente. En agosto de 2024, Éride Ediciones publicó una novela de fantasía donde participa también en coautoría, titulada *Gondomar. El secreto de la taberna*.

Puedes visitar a Ana María en Instagram: @escriana60.

LAS EMOCIONES Y LA SALUD

La depresión es como una señora de negro.
Si llega, no la expulses, más bien invítala
como una comensal en la mesa,
y escucha lo que tiene que decir.

CARL GUSTAV JUNG (1875-1961)

Los humanos somos seres emocionales que razonamos, y, aunque ese razonamiento se va moldeando conforme vamos adquiriendo conocimientos y experiencia, es importante tener en cuenta que las emociones y los sentimientos ya estaban presentes. Decir que ya estaban presentes no se refiere exclusivamente al momento de nacer, sino al inicio remoto a partir del cual un proceso evolutivo nos trajo hasta el ser que somos hoy, con un enriquecido registro genético.

Hay diferentes elementos que van a moldear nuestras emociones y sentimientos: las relaciones familiares, la cultura, las creencias y la educación, y según nos hayan afectado en un sentido positivo o negativo, nos condicionarán el razonamiento, de ahí la importancia de tener una base emocional equilibrada. Nótese que, para efectos del presente ensayo, no incluí el elemento socioeconómico, aunque también afecta a nuestras emociones, ya que quiero centrar la atención en los elementos antes mencionados.

Jung consideraba que el ser humano era religioso por naturaleza, aunque ello no tenía directamente que ver con la idea de un Dios externo a él, sino que se refería a una espiritualidad interior que une a las personas en una sola conciencia. En este enfoque no solo entraría la memoria ancestral impresa en el ADN, sino también el manejo de las emociones y sentimientos, su interpretación, las acciones que tomamos motivadas por ellos y las decisiones que de esas acciones se derivan. Si una persona es amada y respetada desde el momento de su nacimiento, tiene un buen sustrato para continuar con un adecuado desarrollo emocional, el cual se nutrirá de la razón y del encuentro positivo de ambos, aumentando las probabilidades de lograr el bienestar y la felicidad. Se habla de probabilidad, porque también es cierto que no todo se explica por el desarrollo de los acontecimientos durante la etapa de la niñez, también hay múltiples situaciones durante la adolescencia y la adultez que pueden afectar al normal desarrollo emocional.

Antes de continuar, y con la intención más adelante de vincularlo directamente con la salud, considero interesante incorporar la definición de este término por parte de la Real Academia Española de la lengua: «Salud es el estado en que el ser orgánico ejerce normalmente todas sus funciones», es decir, que estamos refiriéndonos concretamente al ser orgánico; hablamos, en este caso, de la materia y la estructura que, organizada como un sistema interconectado, permite que todas sus partes estén relacionadas y funcionen correctamente. Ahora bien, como se infiere de los párrafos anteriores, hay también una parte inmaterial que se nutre de interacciones intangibles y cuyas manifestaciones influyen en la materia afectando la organización de su sistema. Cuando esas manifestaciones son negativas y sostenidas durante un determinado periodo de tiempo, desequilibra la estructura del sistema y propicia las enfermedades.

Las emociones básicas, como, por ejemplo, el miedo, la ira, la alegría, la tristeza, el asco y la sorpresa, son respuestas inherentes al ser humano y, a través de un proceso de aprendizaje adecuado, se van manejando sin que afecten de un modo indeseable el proceso de desarrollo. Se entiende, en primer lugar, que son normales y necesarias, por lo que se van aceptando y de manera progresiva formarán parte de nuestra vida, entendiendo sin problema que hay circunstancias en las cuales algunas destacarán sobre las otras. Así, por ejemplo, dominará en un momento la tristeza ante el duelo y la pérdida, mientras que, en otros casos, lo hará el miedo ante cambios inesperados o retos.

Cuando tales emociones no son procesadas correctamente, pueden transformarse en estados desestabilizadores, como son la angustia y la ansiedad, que, sin embargo, podrán manejarse adecuadamente sin llegar a sus extremos, en la medida que el sustrato original de la persona se encuentre sólido, es decir, que no existan traumas. Aquí empezamos entonces a visualizar muy tangencialmente la idea central de este ensayo, que trata sobre el impacto que las emociones tienen en la salud.

A esta red de emociones hay que sumar sentimientos más complejos, como el amor, el odio, la culpa, la vergüenza, el orgullo y la envidia, que se desarrollarán en el transcurso de la vida y estarán afectados en mayor medida por elementos exógenos, de los cuales se enumeraron algunos en el segundo párrafo y sobre los que será necesario profundizar un poco antes de llegar a la convergencia entre las emociones y los sentimientos y la salud.

Respecto a las relaciones familiares, es fundamental que, en el seno del hogar, la persona esté rodeada de afecto, ya que es el amor el que, a través de las relaciones interpersonales, ayuda a formar la identidad personal y el reconocimiento de la individualidad del otro, lo cual facilita el crecimiento personal. Incluso, permite, ante el sufrimiento que pueda generarse en situaciones de pérdida, tener la fortaleza emocional para superarlo. Es decir, que puede convertirse en una oportunidad para aprender a través de la aceptación de un hecho inevitable.

Una fuerte vinculación afectiva entre miembros de una familia genera estabilidad, seguridad y confianza, facilitando el manejo del estrés en situaciones que normalmente lo generan, y, en consecuencia, permite retornar a una situación de equilibrio con relativa facilidad.

En el caso contrario, es decir, cuando la persona crece en familias desestructuradas, violentas y con tendencia al maltrato físico y verbal, a la persona le resulta más difícil manejar el estrés, ya que, en sí misma, esa situación de la cual está partiendo es muy desestabilizadora. Sin contar con el hecho de que a los ya existentes se les tendría que sumar otros factores exógenos con situaciones de estrés implícitas. En ese orden de ideas, estamos ante una persona que convive con una condición de estrés crónica.

Del mismo modo, se ha mencionado también el tema cultural y las creencias, y aquí se incluyen los valores sociales, el sentido de pertenencia a una comunidad o país, los prejuicios, etc. Si vinculamos estos factores a lo referido en el párrafo anterior, debemos decir que, si bien la familia representa el vínculo fundamental y básico para un sano desarrollo, ciertamente hay otros elementos que servirán de acicate o de freno, según sea el caso. Si nos encontramos, por ejemplo, ante una persona que ha estado rodeada de afecto y que fluye positivamente con los valores del medio donde se desarrolla porque confluyen y les parecen adecuados, extenderá su sentido de pertenencia a la comunidad o país donde vive y podrá insertarse con mucha facilidad en ella. Incluso, de no ser ese el caso, la persona que viene fortalecida con vínculos afectivos fuertes podrá cambiar de comunidad o país, surfeando con más facilidad las adversidades. Muy seguramente, en un determinado período de tiempo podrá adaptarse a su nuevo entorno.

Contrariamente, la persona que creció en una familia violenta, indiferente o abusiva tendrá dificultades para convivir en su propia comunidad o país, ya que su sesgo negativo se puede transformar en envidia, resentimiento o amargura ante el éxito de los demás, o puede convertirse en una persona en extremo evasiva, sumisa e inadaptada, debido al sentimiento de vergüenza que su baja autoestima le produce. No es relevante para el objeto del presente ensayo que se trate de un sentimiento u otro; en cualquier caso, se estarían generando actitudes adversas y destructivas en la persona que lo siente. Y, como es de esperar, esas actitudes llamarán poderosamente la atención de los demás, se trate de vecinos, profesores o compañeros, y, en todos ellos, se producirá un rechazo, por lo que evitarán de manera sostenida y reiterada su compañía. Así, en estas personas con conflictos emocionales, se generará un bucle negativo indeseado en sus vidas que puede llevarlos a un proceso de acumulación de odio no solo hacia su familia, sino también hacia la sociedad.

Con relación a este punto cabría incluir lo que Jung denominó como «energía psíquica», que separó en dos actitudes predominantes: la extraversión, que sería la que refleja tanto la aceptación de los convencionalismos sociales como el anhelo de éxito social y laboral, y la introversión, que sería la introspección y la reserva. Fusionadas, producirán en cada individuo un concepto de éxito que será diferente, ya que dependerá de las metas interiores de cada uno, y estas, a su vez, estarán marcadas por la experiencia. La extraversión y la introversión se combinarán con las funciones racionales (pensar y sentir) e irracionales (percibir e intuir), produciendo los distintos tipos de personalidad.

También se ha hecho mención a la educación, ya que a través de ella se adquieren conocimientos y se fortalecen capacidades que permiten a las personas adaptarse mejor a los cambios. En este punto, creo fundamental hacer un paréntesis para resaltar la rapidez con la que se suceden los cambios en el mundo moderno, especialmente en áreas como la tecnología, la comunicación y, últimamente, también en la cultura, sin que la educación haya podido colocarse al mismo nivel. Es decir, que, al ir más despacio, se ha quedado rezagada ante toda la información que se está generando y difundiendo. La falta de correlación entre la educación y los cambios que se están produciendo disminuye la capacidad para procesar, entender y adaptarnos a esos cambios.

Ello en sí mismo es una fuente de estrés importante para el hombre moderno, ya que siente mayor presión ante los rápidos e inciertos cambios para los que debería estar preparado, sin mencionar los aspectos ya resaltados en párrafos anteriores.

Históricamente, la adaptación humana ha sido un proceso lento, basado en generaciones de experiencia y memoria ancestral. Esta evolución gradual permitió a las sociedades desarrollar estructuras, conocimientos y conductas que se ajustaron a su entorno. Sin embargo, hoy en día, muchas de estas adaptaciones se ven desafiadas por la inmediatez de la información y la transformación constante de nuestras realidades.

Esta discrepancia entre la velocidad del cambio y la capacidad de adaptación puede conducir a sentimientos de ansiedad, confusión e incluso desorientación que, sumados al sustrato familiar y los valores y creencias de la sociedad, a los que ya se ha hecho referencia, suponen una carga emocional muy fuerte.

A menudo, somos bombardeados con nuevas ideas, tecnologías y normas sociales que requerirían un tiempo considerable para ser absorbidos y comprendidos a fondo, y, si además traen grandes problemas emocionales de base, esa notable capacidad para adaptarse a los cambios que tiene el ser humano se verá mermada, y, en consecuencia, la creatividad, la innovación y la resiliencia, que son características inherentes a nuestra especie, pueden sufrir un choque que las disminuya o anule por completo.

Si se cuenta con herramientas adecuadas obtenidas tempranamente en el hogar, con un apoyo social y un enfoque consciente en el aprendizaje continuo, será posible navegar estos rápidos cambios y, aun así, será necesario encontrar un equilibrio: desconectar de vez en cuando, reflexionar sobre los cambios y priorizar el bienestar emocional como pasos cruciales para manejar el estrés que de forma natural genera esta acelerada transformación.

Es decir, se debería poner énfasis en combinar la meditación y la relajación con el proceso de aprendizaje para el uso correcto de la tecnología, así como para la comprensión de su alcance y efectos en nuestra vida. Veo que, por el contrario, las antiguas formas de educar siguen vigentes; sin embargo, como el mundo no puede comprenderse igual ni las personas pueden responder a ellas como lo hacían en el pasado, porque van a destiempo, se genera impotencia y un creciente abandono de sueños y proyectos ante la creencia de no ser capaces. La realidad es que deberían aprender de otra manera: no tiene sentido recorrer el camino con las mismas técnicas que utilizaron nuestros ancestros.

Se podría abogar por un enfoque más holístico y flexible en la educación, donde se valore no solo el contenido académico, sino también el bienestar emocional y mental de los estudiantes, aprovechando que hay varios factores que lo favorecen, a saber:

1. Abundante información de calidad al alcance de la mano.
2. Métodos de enseñanza más eficaces con ayuda de la tecnología moderna.
3. Posibilidad de lograr que el aprendizaje se sustente en proyectos colaborativos dedicando un poco más de atención a la persona, de manera que se sienta apoyada en su camino de aprendizaje.

Es cierto que ninguna de estas variables por sí sola garantiza que la persona cuente con un equilibrio emocional que le permita contar con fortalezas para enfrentar los cambios y adversidades; sin embargo, si la combinación de ellas resulta en un promedio positivo, sin duda ofrecerán mayores probabilidades de éxito.

Puntualizando lo que se ha desarrollado anteriormente, tenemos que retomar el punto inicial que hace énfasis en la naturaleza emocional del ser humano y ofrecer una base sólida que permita explorar cómo las emociones y sentimientos influyen en nuestra salud. Y he aquí el tan hablado estrés, que, por un lado, tiene dimensiones normales y superables, y, por otro lado, puede estar presente por períodos muy prolongados en el tiempo. El cortisol producido por el estrés es una hormona relacionada con la respuesta de nuestro organismo a dicha condición. Sin embargo, si el estrés se convierte en crónico por cualquiera de las situaciones ya señaladas, los niveles de cortisol permanecen elevados y se afectará negativamente la salud.

Particularmente, el cortisol es una hormona que tiene efecto en prácticamente todos los órganos y tejidos del cuerpo; por ello, cuando sus niveles son anormalmente altos, en personas sanas, se entiende que atraviesa una situación de estrés intenso que, de sostenerse en el tiempo, afectará al equilibrio del sistema inmunológico, haciendo que la persona sea susceptible a infecciones y enfermedades graves, además de producir cuadros de ansiedad, depresión, trastornos del sueño y otros problemas que causan mucho sufrimiento y alimentan una espiral completamente devastadora para la salud.

Es cierto que las causas del estrés son muy personales: lo que puede ser estresante para una persona puede no serlo para otra; de ahí que sea importante un abordaje individualizado. Sin embargo, se ha visto que las personas con mayores herramientas emocionales (volvemos a los puntos referentes a la familia, la cultura y el aprendizaje) tendrán mayores posibilidades de gestionar exitosamente el estrés y, si a ello se suman técnicas como la meditación, el ejercicio físico, el apoyo social y la psicoterapia, muy probablemente se podrán mitigar los efectos negativos que causa en la salud.

Aunque hoy en día se van acumulando pruebas objetivas de lo antes señalado, es cierto que ya se conocía de manera intuitiva. Jung consideraba que el psicoterapeuta no podía limitarse a acumular datos y experiencia clínica, afirmando: «Conozca todas las teorías. Domine todas las técnicas, pero al tocar un alma humana sea apenas otra alma humana». Y agregaba a este elemento inmaterial lo que denominó como «inconsciente colectivo», que estaría impreso en nuestro ADN y a través del cual infiere un proceso de materialización de la experiencia y el aprendizaje ancestral. Aseguró que el inconsciente «es idéntico en todos los hombres y constituye un substrato psíquico común, de naturaleza suprapersonal. Abarca una masa indescriptible de estratificaciones depositadas en el curso de la vida de nuestros antepasados. Contiene uno o dos millones de años de evolución».

De acuerdo con ello, hay una convergencia en nuestro ser entre lo material y lo inmaterial, siendo este último fundamental para permitir que cada uno fluya, se revele y aparezca de manera equilibrada. La personalidad individual se forja mediante la interacción entre esas dimensiones opuestas que, como todo en el universo existente, es una dualidad en equilibrio como el yin y el yang.

De las afirmaciones expresadas, en las que se tratan grandes temas con argumentos que podrían considerarse universales, no se pretende uniformar a las personas, ya que el individuo debe ser único sin diluirse en la masa. Es como una pieza de un puzle, única y necesaria para el conjunto. No existen fórmulas universales que sirvan para todas las personas, como decía Jung: «Un zapato que se adapta a una persona puede quedar mal en otra. No existe una receta para vivir que se adapte a todos».

A la visión del individuo en la que ya se señalaba la necesidad de integrar en su vida lo mágico, misterioso y sobrenatural, se agrega el hecho de que la ciencia con su método científico objetivo no es la única llave que permite explicarlo todo. Existe una parte inmaterial fundamental cuyo impacto puede fortalecer o debilitar, según se exponga el individuo a una influencia positiva o una negativa. La positiva lo nutrirá y le permitirá vivir con los riesgos que ello supone, es decir, aceptando la incertidumbre y la imposibilidad de eliminarla.

La existencia en sí misma no tiene solo un importante factor externo determinado por el entorno, sino que lleva en cada uno de nosotros una marca genética ancestral donde se han materializado experiencias y emociones, debiendo sumar las que se van adquiriendo en el transcurso de la vida. Si quisiéramos utilizar un término original, podemos citar de nuevo a Jung, cuando afirmó: «Tu visión se hará más clara solamente cuando mires dentro de tu corazón. Aquel que mira fuera sueña. Quien mira en su interior despierta».

CARMEN CARRIÓN RUIZ DE LA HERMOSA

«BUCEANDO EN LAS PROFUNDIDADES»

Médica de familia y comunitaria, jubilada. Vive en Madrid. Asistente voluntaria en Neurología en el Hospital Clínico de Valladolid. Trabaja en guarderías infantiles, centros deportivos y geriátricos; en atención primaria y urgencias. Trabajó como médica integrativa independiente durante 20 años.

En la colección *Acta Pediátrica Española* participó con publicaciones como «Colesterolemia en niños españoles y adolescentes», «Dieta y niveles de colesterol en niños y adolescentes» o «Factores de riesgo cardiovascular en adolescentes». En el libro *Medicina basada en la evidencia* participó con el capítulo «La medicina basada en la evidencia de las medicinas complementarias». Y en la revista *Actualidad de Cirugía Oral y Maxilofacial*, con «Acupuntura y dolor facial atípico».

Participó como docente en diversas tutorías y cursos como Auxiliar de Clínica; Auxiliar de Geriatría; Primeros Auxilios; Gerocultura; Anatomía y Fisiología Patológica del Envejecimiento; Técnicas Sanitarias Básicas; Auxiliar de nutrición deportiva IMEFE; Trabajadoras Familiares; Dietética y Nutrición. Nociones Sanitarias Básicas para personal no médico; Magister en Acupuntura I y II, y Experto en Acupuntura, de la UCM (Universidad Complutense de Madrid); Máster de Acupuntura y Moxibustión del ICOMEN (Ilustre Colegio de Médicos de Madrid). Y como ponente con los temas: «Manejo del cáncer con Quantum Scio», «Acompañando al tránsito», «Todo sobre la salud del cuerpo espiritual» y «Aumento de la delincuencia y qué hacemos al respecto».

Puedes contactar con Carmen a través de su correo electrónico: mccarrion22@gmail.com. También la podrás encontrar en Facebook (Mari Carmen Carrion), Telegram (@carmencarrion22) e Instagram (dracarmencarrion).

BUCEANDO EN LAS PROFUNDIDADES

La lógica pura no puede proporcionarnos un conocimiento del mundo empírico. Todo conocimiento de la realidad dimana de la experiencia y desemboca en ella. Las proposiciones a las que se llega por medios puramente lógicos carecen por completo de valor real.

ALBERT EINSTEIN

Me había formado una imagen tan romántica de la vida que la posibilidad de ser médico y ayudar a otras personas la descubrí muy pronto. Ya, con trece años, acudía junto a una novicia del colegio a visitar y colaborar en una zona de chabolas del extrarradio de Madrid. Años después, colaboré como monitora de campamentos de Cáritas y, más tarde, participé en centros de acogida de protección de menores. A mis dieciocho años, poco faltó para que me fuera a misiones de África. Creo que mi vocación de médico —arraigada, muy determinada, hecha posible a fuerza de tesón y a pesar de todos los obstáculos que tuve que salvar— estaba escrita en el guion, ese guion que era el que tenía que vivir.

Estudiar nunca fue un problema para mí, al contrario: gozaba del silencio de la noche, que me parecía interminable, y lo acogía como una aventura. Recuerdo una mañana que sonó el despertador de mi padre y allí estaba yo, sentada frente al libro, devorándolo, y con pocas ganas de romper con aquel escenario. Pasar de curso era el objetivo principal, y para ello tuve que dedicar muchas horas de estudio, sacrificando salidas y diversión con los amigos.

En el primer año de carrera en la UAM (Universidad Autónoma de Madrid), una de mis asignaturas fue Humanidades y Ciencias Sociales. Le debo mucho a D. José de Solas, Pepe el Humano para los alumnos, cuya formación me dejó una gran huella.

¿Qué tiene que ver todo esto con la salud? Tiene que ver que mi propia vida es el manual de los acontecimientos y la directora de mi carrera profesional, de mi evolución en ella. Ambas están tan íntimamente unidas que ni yo misma puedo entender cómo he llegado hasta donde estoy, cómo he aprendido lo que sé. Es el resultado de un recorrido singular, de las elecciones que hice y de las dificultades en el camino que me condujeron en una dirección determinada, incluso no deseada.

Me casé sin terminar la carrera y no «por el sindicato de las prisas», que era como nos referíamos a una boda precipitada causada por un embarazo previo al matrimonio. Simplemente, yo quería vivir con mi novio y, entonces, para vivir juntos, era requisito indispensable casarse. Fue entonces cuando mi trabajo se multiplicó: al estudio se sumaron las labores domésticas, un embarazo y residir en otra ciudad sin familia ni amigos.

Pasados los años, rememoro las dificultades que tuve que vivir, y no porque el camino fuera difícil, sino por la cantidad de obstáculos y dificultades que, en ocasiones, yo misma establecí. Y esto, dicho en términos generales, quizá sea así porque los humanos actuamos la mayor parte de nuestro tiempo con la finalidad de mantenernos en la ilusión de que somos lo que nuestros egos dicen que somos, lo cual es bastante limitado con respecto a la realidad.

Aprendí muchas cosas a través de cursos, pero, al no poder ejercer como médico, sentía una gran frustración. Dos años después de tener a mi primer hijo, tuve un aborto natural. No sé si lo superé o lo negué, pues contuve el duelo con la preparación del examen para médico interno residente (MIR). En paralelo, mi matrimonio empezó a desmoronarse y, de forma espontánea, desarrollé ciertas capacidades intuitivas y percepciones extrasensoriales que no podía controlar y me incomodaban.

Me sugirieron hacer un curso del método Silva, una especie de control mental, dijeron; algo muy novedoso en aquel momento;

quizá la única opción diferente a la de una consulta psicológica. Pensé que con su aprendizaje podría controlar mi mente.

Mis expectativas eran «normalizar» ese estado sin acudir a un psiquiatra que, probablemente, me medicaría. El concepto de «normalidad» en la salud se determina siguiendo estándares, un criterio estadístico según el cual un individuo no debe mostrar diferencias significativas con el resto de la comunidad (es decir, la mayoría de las personas).

El curso no me libró de lo que yo deseaba liberarme, sino que despertó y agudizó todavía más aquellas facultades. Incluso podría parecer que me preparó para un evento posterior muy complejo.

Sucedió que volví a quedar embarazada, aunque esta vez tuve una rotura de bolsa amniótica en el tercer mes. Se impuso el reposo a la espera de una posible solución que no llegaba. Ante la pérdida de más y más líquido, los médicos determinaron practicar un aborto terapéutico: al faltar el líquido, el feto podría quedar pegado a la bolsa, y las bridas que se generarían darían lugar a malformaciones.

Yo deseaba mucho aquel bebé y no me resignaba a perderlo. Medité durante días la situación y tuve claro que abortar, sin tener la certeza de que no pudiera salir bien a pesar de lo que me decían, era algo que me perseguiría toda mi vida y que no me iba a perdonar. Es obvio que tomar una decisión así es valiente o imprudente, según quien lo vea, pero implica la responsabilidad de ponerse en acción, de buscar opciones para llevarlo a buen puerto.

Por circunstancias de la vida, en aquel entonces me encontraba en casa de mis padres y no podía viajar a mi casa. Ellos, católicos practicantes, nunca se pronunciaron al respecto de lo que tenía que hacer, aunque me recomendaban dar paseos; de todos era conocido que me hacían perder más líquido y que iniciaban alguna contracción. No voy a extenderme en detallar el recorrido físico que sufrí, solo diré que tuve molestias permanentes. Lo peor fueron los seguimientos ecográficos quincenales, lo más parecido a un ritual que la familia vivía esperando los resultados con curiosidad y, sobre todo, con una gran ansiedad.

Tres veces al día llevaba a cabo un ejercicio de control mental. En estado alfa (un estado mental especial de relajación), acudía, a modo de ensoñación, a un laboratorio virtual que había diseñado en el curso, y allí revisaba la bolsa, al bebé y el líquido, y reparaba todo lo que encontraba alterado.

El estado alfa es un estado curioso en el que las emociones no intervienen ni afectan; de hecho, en varias ocasiones vi que el feto se encontraba en muy mal estado y lo trabajé sin alterarme. Luego, ya en estado de vigilia y consciente, al recuerdo de lo visto le seguía una gran emocionalidad. A veces lloraba amargamente si había sido desfavorable.

Cada día era interminable y, como la cabeza juega malas pasadas, decidí buscar la manera de liberar mi mente de pensamientos negativos. Tenía que encontrar la forma de implicarme en algo que me exigiera mucha concentración, para que nada ni nadie pudiera ocuparla.

Me preguntaba si se adelantaría el parto y tuve una genialidad que me generó la necesidad de confeccionar jerséis pequeños, dado que los que vendían no eran para prematuros. ¡Pensado y hecho! Me fui al quiosco y compré una revista de punto de calados, la más complicada que vi, tanto que, si hacía mal un punto, tenía que deshacer un buen tramo de labor y, para evitarlo, debía estar muy concentrada, ajena a todo lo demás.

Llegó el sexto mes y me puse de parto. La ecografía era normal, pero el médico decía que la niña era demasiado pequeña para sobrevivir. La noticia rompió mis esperanzas. Me preguntaba muchas cosas: renunciar al estudio, al trabajo, a vivir en mi casa y haber asumido tanta lucha… ¿para llegar a un final así? Era desolador.

El obstetra, que era mi tío, me indicó reposo y medicación, y me envió un dispositivo para monitorizarme diariamente en casa. Así comenzaron las pesadillas nocturnas: los registros no siempre eran los adecuados. Yo temía que, a pesar de que no se evidenciaban malformaciones, el retraso del parto diera lugar a un posible sufrimiento fetal que condujera a una lesión cerebral con sus consecuencias. Una semana después, decidí solicitar el ingreso hospitalario para terminar con aquella artificialidad, asumiendo el riesgo inevitable de la cesárea con placenta anterior, y la repercusión en la supervivencia del bebé prematuro de bajo peso y de mi propia vida.

La víspera fui a comprarme unas zapatillas y una bata, y llamé a mi marido para informarle del posible mal desenlace. Me sentía sola, perdida, a pesar de la compañía de mis padres. El miedo que viví en silencio únicamente cedía al pensar que, pasara lo que pasara, todo iba a terminar pronto.

Sobreviví a la cesárea y la niña fue trasladada en una incubadora portátil a un centro especializado. El neonatólogo me dijo:

—No te hagas esperanzas, está con un respirador.

Le pregunté si era por insuficiencia respiratoria y respondió:

—No, es por inmadurez cerebral, no tiene ningún reflejo de recién nacido.

Esa frase de «No te hagas esperanzas» ya la había escuchado en cada consulta quincenal durante el embarazo, aunque en ese momento la recibía como una puñalada. Se repitió en el parte diario, a pesar de que yo continuaba sin creérmelo.

En el hospital me sentía agotada, con la herida suturada, con entuertos y trabajando mentalmente. Un día me levanté como pude y escapé en autobús al centro donde estaba la niña ingresada. Me desgarré varios puntos, pero no recuerdo el dolor. Solo quería verla. El milagro ocurrió cuando una enfermera dejó caer en su boca unas gotas de suero que desencadenaron el reflejo de succión y la posterior respiración espontánea.

Dicen que Dios da mocos a quien no tiene pañuelos. Y es que, ante la certeza de los médicos de que la niña no iba a vivir, decidieron bloquear mi secreción láctea con medicación, así que no obtuve resultados durante mucho tiempo. Estando medicada, no podía amamantarla y, peor aún, me prohibieron entrar en la sala de incubadoras para no contaminar. Tenía que verla tras un cristal.

No puedo explicar cómo viví esta experiencia. Puedo decir que me transformó. El poder de la mente sobre el cuerpo es mayor de lo que imaginamos: en la mente humana encontramos soluciones para combatir los conflictos y las enfermedades. El mero hecho de pensar que un problema, aunque no exista, pueda convertirse en realidad hará que el cuerpo reaccione en consecuencia. Nuestro cuerpo no puede diferenciar entre problemas reales e imaginarios graves. ¿Por qué no pensar que, si nuestra mente puede provocarnos síntomas, también es capaz de curarnos?

El trabajo en estado alfa me permitió ser observadora de lo que ocurría dentro de mí, ser testigo silencioso y conectar con el poder de mi presencia consciente. Esto explica por qué el dolor, las emociones y el miedo en particular hacían su aparición al volver a la realidad cotidiana, lejos de ese estado. Comprendí que la sombra, proyectada por la mente-ego en el deambular cotidiano, nos arrastra a seguir identificándonos inconscientemente con ella y no con otras posibles realidades.

Asumir mi poder me llevó a emprender acciones. ¡Mucho mejor que no hacer nada! Creo que con los errores se aprende, por ello es importante actuar y no dejarse invadir por ese miedo que bloquea e impide actuar.

Mi profesor de Ginecología, que fue mi médico ginecólogo, no daba crédito cuando le conté todo esto. Decididamente, creo en los milagros, aquello lo fue, fue un milagro, y no lo puedo negar. Hay muchas cosas que ocurren y no siempre se pueden justificar de manera racional. También he vivido con mis pacientes curaciones espontáneas, historias que merecen ser escuchadas y estudiadas, de las que se puede aprender mucho y en las que el dejar operar a la naturaleza y el confiar fueron grandes acicates.

Pasaron cuatro años, y la vida me dio un gran revolcón: me divorcié, fallecieron mis padres, me echaron de la casa donde vivía, la familia rompió su relación conmigo, me quedé sin trabajo y sufrí un *shock* anafiláctico por un alimento. Todo en poco tiempo. Esta anafilaxia (alergia), vivida al límite de la muerte y siendo consciente de ella, provocó en mí un enfado monumental con la vida: mis hijos me necesitaban, pero, derrotada como estaba por todo lo ocurrido, no me importaba morir.

Morir era sencillo: solo tenía que esperar unos minutos sin hacer nada. Mantuve una inyección de urbason cargada en mi mano, sin voz para pedir ayuda, la visión borrosa, acúfenos, sin poder respirar, la garganta cerrada, pero sin perder la consciencia. Decidí continuar y me inyecté.

Descubrí el abandono, la soledad. Mis cimientos se tambalearon y entré en un estado de victimismo que me llevaba a pensar que no podía elegir, que era muy desgraciada, en una inconsciencia total e identificada por completo con esa mente-ego y sus patrones.

Tuve que renunciar al doctorado, a la especialidad y a un curso de urgencias muy selectivo para el que me habían seleccionado. Necesitaba ingresar dinero para sostener a mis hijos y no podía darme el lujo de desembolsarlo en formación. Pero mi curiosidad me llevó a explorar otros campos relacionados con la salud.

Pronto me sentí un observador situado a mitad de camino entre dos realidades, con capacidad para comprender ambos puntos de vista que parecían representar la bipolaridad de la vida: la materia y el espíritu. Comprendí que atribuir el carácter de «realidad verdadera» a uno de los dos puntos de vista denotaba estrechez de miras, parcialidad.

Entre mis colegas había una resistencia a cualquier argumentación fuera de la doctrina oficial médica, una barrera difícil de traspasar que identifico como ignorancia por desestimar lo que no se conoce. Debo añadir que nunca practiqué disciplina alguna sin comprobar antes los resultados, experimentando primero conmigo misma.

Un día de Navidad recibí una carta de despido de mi centro de trabajo como médica de familia interina, y volví a la búsqueda ejerciendo como vendedora y como docente cuando no podía desempeñarme como médico. Trabajé en centros de salud, hospitales, polideportivos municipales, guarderías, geriátricos y urgencias. Fue ahí, en urgencias, donde llevé a cabo mi último trabajo en el Sistema Nacional de Salud, la sanidad pública, y donde decidí dedicarme a la medicina privada como autónoma e integrar todo lo que había aprendido.

Empezar sin clientela da vértigo. Fue una decisión arriesgada y confieso haber pasado miedo. Nadie me apoyó: renunciar a un empleo fijo y seguro era una locura, decían. Sin embargo, descubrí la libertad de ser dueña de mi manera de ejercer la profesión.

Poco después me invitaron a una presentación de un aparato de electromedicina que trabajaba por biorresonancia: Quantum Scio, desarrollado por Bill Nelson, científico, profesor de universidad y técnico de la NASA. Quedé muy sorprendida, pero no me hice falsas expectativas, dado que mi economía no me permitía hacerme con el dispositivo. Pero volvió a ocurrir algo imprevisible y mágico: una paciente agradecida y, sin duda, una gran mujer, me ofreció el dinero para comprarlo. Decía que yo podría ayudar a muchas personas.

Este sistema cuántico se comporta como una inteligencia artificial a través de ventanas interactivas en la pantalla de mi ordenador. Para mí es un doble maestro. Primero, porque el nivel de información es tan amplio que todo lo estudiado por mí, y mucho más, puedo entrelazarlo, relacionarlo y llegar a niveles de comprensión muy sensibles que jamás aprendí en la medicina oficial, de forma que es mi laboratorio particular. Y segundo, porque me permite hacer el diagnóstico y tratamiento del paciente: me aporta información muy precisa tanto para él como para mí.

Al trabajar con este «compañero» (para mí es más que una máquina), he podido encontrar una integración coherente no solo de mis conocimientos y percepciones, sino de todo aquello que, a través de la base en la que trabaja, la física cuántica, me va mostrando. Trabajar campos unificados es trabajar la unidad que somos: física, mental, emocional y espiritual, y no por separado. Me refiero, además, a los campos dimensionales, que existen aun cuando no podemos captarlos desde esta dimensión debido a la limitación de los sentidos.

Somos seres espirituales viviendo una experiencia en un cuerpo físico y no un cuerpo físico con una dimensión espiritual en algún lugar. La enfermedad está ligada a la salud, como la vida y la muerte. Todo es energía y vibración, una célula, un pensamiento, una emoción.

Sin lugar a dudas, investigar y obtener resultados ha sido para mí muy apasionante y transformador. Con la curación de mis pacientes no solo he aprendido, sino que he evolucionado también, y hoy soy más consciente de la grandeza que somos y de cómo todo está interconectado.

Enfermar nos hace humildes, nos permite reflexionar, conocernos y evolucionar. La enfermedad se expresa en el «traje» físico, pero se origina en otros campos virtuales que también nos pertenecen mucho antes de instalarse físicamente. Por ello, el cuerpo no es el lugar en el que pueden resolverse los problemas, ya que es ahí donde se traslada el problema. Somos consciencia habitando un cuerpo físico.

Si la ciencia médica fuera una ciencia exacta, no existiría la enfermedad. Por ello, la medicina preventiva debe anticiparse a la expresión en el cuerpo físico yendo al verdadero origen.

La medicina oficial continúa siendo pragmática, racional y cartesiana, es decir, polariza. La superespecialización en la que nos movemos divide, no unifica y desenfoca la visión holística del ser humano. Nada puede existir fuera de la unidad, por eso la solución no está en matar el síntoma y sí en integrarlo.

La negación de todo aquello que no está aceptado oficialmente, por desconocido o novedoso, radicaliza, reduce el campo de visión y la apertura de consciencia.

Al aceptarme con mis singularidades, al entender que soy como soy y que todo ocurre por una buena razón, que los obstáculos debo reconocerlos como oportunidades para crecer, me unifico. Mis percepciones extrasensoriales me regalaron un «máster gratuito» sobre la muerte que me ha permitido acompañar en el tránsito. La muerte no existe; prefiero denominarla «tránsito a otra realidad»; sin duda, un momento importante, tanto como el nacimiento, pero muy poco explorado y trabajado.

Mi curiosidad por aprender continúa y me ha conducido a investigar experiencias cercanas a la muerte, vida entre vidas..., y todo aquello invisible y no por ello inexistente que percibo y deseo conocer más profundamente. Es nuestra realidad espiritual, aquello que nunca muere, lo que da sentido a nuestra existencia, lo que habla de SALUD con mayúsculas y que me permite acompañar en regresión a las almas encarnadas que me lo piden, así como a las no encarnadas necesitadas.

CRISTINA MAGILL LÓPEZ

«EL ECO DE LAS CANCIONES NO CANTADAS»

Cristina nació en Lima, Perú, en febrero de 1973. Hija de padre peruano y madre sevillana, pasó su infancia y adolescencia en Lima en una época convulsa, hasta principios de los noventa. Este hecho y las influencias de estas dos culturas marcaron su personalidad. Se trasladó a vivir a Sevilla en el año 1991, donde completó sus estudios universitarios. Licenciada en Administración y Dirección de Empresas en la Universidad de Sevilla, máster en Economía Bancaria.

Muy vinculada a la literatura y poesía desde niña. Amante de la poesía en lengua castellana, creció leyendo a Calderón de la Barca, Bécquer, Antonio Machado y Neruda, entre muchos otros. Apasionada de la literatura hispanoamericana, con referentes como Mario Vargas Llosa y Gabriel García Márquez, con su realismo mágico, encuentra en el arte, la poesía y la escritura formas de expresión y equilibrio.

Un episodio de estrés por agotamiento la llevó a afrontar una fase de depresión y a reconocer la necesidad de parar. En su ensayo refleja su proceso de sanación y autodescubrimiento.

Si una palabra la define, quizá pueda ser *sensible*.

EL ECO DE LAS CANCIONES NO CANTADAS

Lo que sospechas que está mal contigo
puede ser en realidad lo mejor de ti.

ALAIN DE BOTTON

El reloj de la oficina marcaba las tres de la tarde, pero el tiempo parecía haberse detenido. La montaña de papeles sobre mi escritorio parecía tener vida propia, y el sonido del teléfono se había convertido en un detonante de ese sentimiento de angustia que no podía controlar. Sentí una fuerte presión en el pecho que me quitaba el aire. Cerré los ojos y, en ese instante de oscuridad, la voz de mi padre resonó en mi cabeza.

Era un poema que él solía recitarme cuando era niña.

Hace ya diez años
que recorro el mundo.
¡He vivido poco!
¡Me he cansado mucho!

Quien vive de prisa no vive de veras,
quien no echa raíces no puede dar frutos.

[…].

La voz de mi padre trajo una sensación de calma que hacía tiempo no experimentaba, pero las palabras me devolvieron a la realidad, y, aunque solo se trataba de un recuerdo, me dejé llevar por la nostalgia de la infancia, de aquellas tardes en casa, rodeada del cariño de mis padres y la serenidad de quien lo tiene todo.

De repente, sentí un mareo. Abrí los ojos y vi la realidad aplastante de la oficina. Había olvidado respirar, y el aire volvió a mis pulmones con un dolor agudo. Sabía que no podía seguir ignorando las señales que mi cuerpo me enviaba, señales que había aprendido a silenciar a lo largo de los años.

Me había volcado en el trabajo que ocupaba la mayor parte de mi día. El trabajo, que en otro tiempo había significado tanto, ahora se había convertido en un lugar oscuro que me provocaba un sufrimiento difícil de explicar. Las jornadas laborales eran interminables, una sucesión de reuniones agotadoras y tiempos imposibles de cumplir. Mi vida se había convertido en un ciclo repetitivo donde el estrés y la ansiedad se entrelazaban como aquella canción que no te gusta pero que se repite una y otra vez en tu cabeza.

Había llegado a un punto en que ni siquiera recordaba cómo era despertar sin sentir esa carga sobre mis hombros. Sentía que el tiempo había comenzado a jugarme malas pasadas, estirando los días en una eternidad sin consuelo. Me encontraba atrapada, sin saber a dónde ir o cómo salir de ella.

Vivimos en un mundo que nos obliga a ser fuertes, a ser perfectos y a cumplir con expectativas que muchas veces no son las nuestras, sino las de los demás. Y yo, en mi afán de ser todo para todos, o al menos eso creía yo, me había olvidado de ser algo para mí misma.

Me di cuenta de que había perdido la conexión con mi esencia, había desconectado con mis sueños, aquellos que en algún momento me impulsaron a ser valiente, a tomar riesgos, a vivir con pasión. Había cedido tanto terreno que ya no me reconocía.

Fue entonces cuando sentí que algo dentro de mí, algo más allá del cansancio, se rompía. Como un cristal que se agrieta lentamente, hasta que ya no puede sostenerse. El peso de mi propio silencio, de mi resistencia a admitir que estaba agotada y perdida, me hacía naufragar en mí misma. Entendí que pedir ayuda no era un signo de debilidad, sino de amor propio. Significaba todo lo contrario, una muestra de valentía.

Y así, con el corazón encogido y la voz temblorosa, me atreví a buscar ayuda. A mostrar al resto mi supuesta debilidad, que resultó ser mi fortaleza. A admitir que ya no podía más y que necesitaba que una mano me sujetara para salir a la superficie. Entendí que necesitaba cuidar de mi salud mental de la misma manera que cuidaba de mis plantas: con atención, con dedicación, con amor. Mis plantas florecen cuando les doy agua, luz y tiempo para crecer. Yo también necesitaba mi propio sol, mi propio alimento, y sabía que parte de eso incluía pedir ayuda. Recordé que las raíces más fuertes son aquellas que se sostienen unas a otras bajo la tierra, invisibles pero vitales. Así que me atreví a buscar apoyo en un profesional, a hablar sobre mis miedos, mis dudas, mis inseguridades. Fue difícil al principio, pero pronto descubrí que cada sesión era como un rayo de luz en mi jardín interior, una oportunidad para crecer, para florecer de nuevo.

Los días seguían siendo largos, las noches aún traían consigo el peso de las sombras, pero por primera vez en mucho tiempo, sentí que había una salida, una luz que me guiaba, suave y cálida, hacia un lugar donde la paz y la serenidad podían volver a ser posibles.

Aprendí que en la vida hay que saber rendirse, no como quien se da por vencido, sino como quien suelta lo que ya no puede cargar, quien acepta que a veces es necesario detenerse, dejar de correr y simplemente respirar.

En la vorágine de esta vida moderna que nos ha tocado vivir, muchos de nosotros nos encontramos atrapados en un ciclo interminable de responsabilidades, expectativas y autoexigencias. Sin embargo, es fundamental recordar que la salud mental no es un lujo, sino una necesidad básica, tan vital como respirar. Y para cuidar de ella, debemos aprender a reconocer las señales que nuestro cuerpo y nuestra mente nos envían.

La terapia psicológica no es solo un recurso para momentos de crisis; es una herramienta de autoconocimiento y crecimiento personal. Un psicólogo puede ayudarnos a explorar nuestros pensamientos, emociones y patrones de comportamiento, brindándonos estrategias para manejar el estrés, mejorar nuestras relaciones y construir una vida más plena y satisfactoria. Hablar con un profesional es un acto de autocuidado, una forma de darnos el permiso de ser humanos, de aceptar nuestras limitaciones y trabajar en nuestras fortalezas.

Pero el bienestar mental no solo depende de lo que sucede dentro de nuestra mente; está profundamente entrelazado con nuestro cuerpo. El ejercicio físico, por ejemplo, no es solo una forma de mantenernos en forma; es una medicina natural para la mente. Comencé a probar diferentes formas de actividad física, y fue así como descubrí el pilates.

El pilates me enseñó a conectar con mi respiración, a ser consciente de cada movimiento, de cada músculo trabajando en armonía. A través de esta práctica, no solo empecé a fortalecer mi cuerpo, sino también mi mente. Empecé a notar cómo, al concentrarme en los movimientos lentos y controlados, mi mente se despejaba, mis pensamientos se calmaban y una sensación de serenidad me invadía. Después de cada sesión, sentía que mi cuerpo estaba más fuerte y mi mente más ligera.

Hacer ejercicio se convirtió en mi espacio de meditación en movimiento, un momento para estar presente conmigo misma, para escuchar a mi cuerpo y entender lo que necesitaba. Aprendí a soltar la tensión acumulada en mis músculos, a alinear mi postura y, de alguna forma, también a poner en orden mis pensamientos. Cada clase me recordaba la importancia de cuidar de mí misma, de regalarme tiempo y espacio para crecer, al igual que lo hacía con mis plantas.

La alimentación, por otra parte, es otro pilar fundamental para la salud mental. Comer de manera equilibrada no solo nutre nuestro cuerpo, sino también nuestro cerebro. Durante mis momentos más difíciles, encontré consuelo en la comida, pero no siempre elegía lo mejor para mí. Me refugiaba en azúcares y grasas, en la comida rápida y sin nutrientes, y sentía cómo mi cuerpo se iba agotando más y el sobrepeso me ganaba el terreno.

Poco a poco, fui aprendiendo que lo que comemos también puede influir en nuestro estado emocional, tanto que podríamos dedicar un capítulo entero a hablar solo de eso. Así, empecé a hacer pequeños cambios, y por supuesto recurrí a un profesional para que me ayudara en este nuevo reto que necesitaba hacer.

Comencé a sentirme más ligera, no solo en el cuerpo, sino también en el alma.

Cuidarnos a nosotros mismos también significa aprender a manejar nuestro tiempo y nuestras energías de manera más consciente. Establecer límites claros en el trabajo, darnos permiso para descansar y dedicar tiempo a actividades que disfrutamos son formas esenciales de mantener el equilibrio. No estamos diseñados para funcionar como máquinas; somos seres humanos con emociones, deseos y necesidades. Me di cuenta de que a veces es necesario decir «No» y permitirnos tiempo para nosotros mismos, para desconectar de la tecnología, salir a dar un paseo o, simplemente, sentarnos con una taza de café y un buen libro.

La salud es un proceso integral. No se trata solo de estar libres de enfermedades, sino de sentirnos bien con nosotros mismos, de experimentar alegría y satisfacción en nuestra vida cotidiana. Para lograrlo, necesitamos prestar atención a cada aspecto de nuestro ser: nuestra mente, nuestro cuerpo y nuestra alma. Buscar ayuda profesional, hacer ejercicio, alimentarnos bien y permitirnos momentos de descanso y disfrute son piezas de un mismo rompecabezas, un camino hacia una vida más saludable y equilibrada.

No estamos solos en esta travesía. Siempre hay recursos, personas dispuestas a apoyarnos y herramientas que podemos utilizar para volver a encontrar el equilibrio perdido. Tomar la decisión de cuidar de nosotros mismos es el acto más poderoso de amor propio. Y en ese viaje, vale la pena recordar que cada pequeño paso cuenta, cada decisión positiva suma y cada día es una nueva oportunidad para comenzar de nuevo.

En mi caso, mi familia, la práctica de ejercicio y la conexión con la naturaleza se convirtieron en mi red de apoyo, recordándome, a cada paso, que la vida está hecha de pequeños momentos que vale la pena ser vividos plenamente.

Descubrí que no estaba sola, que en mi vulnerabilidad había una fuerza insospechada. Me permití ser frágil, imperfecta, humana. Y en ese acto de entrega, de sinceridad conmigo misma, sentí que comenzaba a sanar.

Así, al llegar al final de este viaje reflexivo, me doy cuenta de cuán transformadora ha sido esta experiencia de aprendizaje. Comprendo ahora que el camino hacia la salud mental y el bienestar personal no es una línea recta, sino un sendero lleno de curvas, giros inesperados y, a veces, retrocesos necesarios. Pero, sobre todo, es un camino que vale la pena recorrer.

Vivimos en un mundo donde a menudo se nos pide que vayamos deprisa, que seamos eficientes, que logremos mucho en poco tiempo. Pero ¿qué sentido tiene todo eso si nos olvidamos de nosotros mismos en el proceso? La clave, creo, está en encontrar un equilibrio entre el hacer y el ser. Sí, tenemos responsabilidades, proyectos y sueños que perseguir, pero también necesitamos momentos de quietud, de introspección, de conexión con lo que realmente somos.

Por experiencia personal, he aprendido que no existe un único «manual» para lograr el bienestar. Es una búsqueda constante, un proceso de ensayo y error, en el que cada uno de nosotros descubre lo que realmente funciona. Para mí, fue esencial aprender a pedir ayuda, a entender que no tengo que cargar con todo yo sola. Descubrí que hay una gran fortaleza en admitir nuestras vulnerabilidades, en mostrarnos tal y como somos, sin miedo a ser juzgados o incomprendidos.

Buscar apoyo psicológico fue uno de los pasos más valientes y necesarios que di. Me enseñó a enfrentar mis sombras, a abrazar mis miedos y a cuestionar las creencias limitantes que habían guiado mi vida durante tanto tiempo. Aprendí que no somos nuestros pensamientos, que no estamos condenados a seguir los mismos patrones una y otra vez.

El ejercicio físico se convirtió en una parte fundamental de mi rutina, pero no de una manera obsesiva o exigente, sino como un ritual de autocuidado. Aprendí a escuchar el lenguaje de mi cuerpo, a entender cuándo necesitaba movimiento y cuándo necesitaba descanso.

También me di cuenta de que mi relación con la comida necesitaba un cambio. Por mucho tiempo, como he dicho, había recurrido a ciertos alimentos como una forma de llenar vacíos emocionales, de compensar sentimientos de tristeza o ansiedad. Pero, en este cambio, entendí que la alimentación consciente no se trata de privarse o castigarse, sino de nutrirnos de una manera que nos haga sentir bien, tanto física como emocionalmente. Y no digo que sea fácil, yo sigo recorriendo ese camino, desviándome muchas veces y volviendo a encontrar el sendero. Creo que el camino será largo, pero ahora sé hacia dónde quiero ir, esa es la diferencia.

Otro pilar importante para mí es la conexión con los demás. A veces, en nuestros momentos de mayor dolor, tendemos a aislarnos, a creer que nadie podría entendernos, que es mejor lidiar con todo por nuestra cuenta, que no queremos preocupar a los que nos quieren. Pero la verdad es que necesitamos a los otros. Necesitamos rodearnos de personas que nos aporten cosas positivas, que nos respeten y que nos escuchen sin juzgarnos. Es fácil decirlo, pero qué difícil encontrarlas. Mi familia, en la que incluyo a unos cuantos amigos, fue un pilar fundamental en este crecimiento personal.

Al reflexionar sobre todo este proceso, veo que el verdadero cambio comenzó cuando dejé de buscar respuestas fuera de mí y empecé a mirar hacia dentro. Cuando me di permiso para ser imperfecta, para aceptar mis emociones sin juzgarlas, para darme tiempo para sanar a mi ritmo… La vida no es una carrera; no estamos compitiendo con nadie. Cada uno de nosotros tiene su propio camino, su propia historia, sus propias batallas. Y está bien tomarse el tiempo necesario para sanar, para encontrarse a uno mismo, para descubrir qué es lo que realmente nos hace felices.

Este viaje hacia el bienestar no tiene un destino final. Es un camino continuo de descubrimiento, de aprendizaje, de autocompasión. No siempre es fácil, y habrá días en los que nos sentiremos perdidos o desanimados, pero esos son precisamente los momentos en los que más necesitamos ser amables con nosotros mismos. Necesitamos recordar que somos dignos de amor, de cuidado, de alegría. Que merecemos una vida plena, en equilibrio, en paz.

Así que, al cerrar este capítulo, me siento llena de gratitud. Gratitud por cada lección aprendida, por cada tropiezo que me enseñó a levantarme, por cada persona que ha sido parte de mi camino. Me siento agradecida por la fortaleza que he descubierto en mí misma, por la capacidad de cambiar, de mejorar, de seguir adelante a pesar de las dificultades. Y me siento llena de esperanza, porque sé que, sin importar lo que venga, tengo más herramientas para enfrentar cualquier desafío.

Eres una prioridad. No esperes a que tu cuerpo o tu mente te pidan ayuda a gritos. Busca ese equilibrio que te permita disfrutar de cada día, de cada momento. Rodéate de personas que te apoyen, que te inspiren, que te hagan sentir amado. Encuentra actividades que te llenen de energía, que te conecten con tu esencia. Y, sobre todo, nunca dejes de escucharte, de atender tus necesidades, de darte el permiso de ponerte en primer lugar.

La vida es un regalo maravilloso, y está en nuestras manos decidir cómo queremos vivirla. No hay una fórmula mágica, pero hay un camino lleno de oportunidades, de aprendizajes, de crecimiento. Así que sigue adelante, con valentía, con esperanza, con amor. Porque mereces todo lo bueno que la vida tiene para ofrecerte, y porque al final del día, lo más importante es sentirte bien contigo mismo, saber que estás haciendo lo mejor que puedes, que estás viviendo tu vida de la manera que más te llena.

Hoy, elijo la salud, elijo el bienestar, elijo el amor propio. Porque la vida, con todas sus complejidades, es el mayor regalo que tenemos. Y está en nuestras manos vivirla con plenitud, con propósito y con alegría.

Este proceso me ha enseñado a abrazar tanto mis luces como mis sombras. Y también me ha enseñado a aprender a reconciliarme con historias del pasado que me hacían daño sin ser consciente de ellas. A intentar centrarme en el presente y mirar al futuro sin miedo.

Al final, descubrí que este proceso de sanar no consiste en silenciar el dolor, sino en escuchar con el corazón esas canciones no cantadas, permitir que su eco resuene en nuestro interior y dejarlas salir, cantarlas a gritos, con la fuerza, con la pasión que alguna vez tuvimos. Canta, baila y siente la vida. Sé que no es fácil y que el día a día las silencia, las entierra tan profundas que es difícil encontrarlas. Cuando dejemos de escucharlas, búscalas en alguna parte de ti. El aprendizaje para mí es precisamente ese, que no puedo dejar de buscarlas ni de cantarlas. Puede ser una metáfora, o no. Cada uno tendrá su canción no cantada. El regalo de este a veces doloroso camino es encontrarla.

EZAO

«UN BAILE ENTRE LA ALIMENTACIÓN Y LA SALUD MENTAL»

Comencé a trabajar como esteticista hace ya más de 25 años. Me especialicé en estética naturista. Desarrollé protocolos de belleza, que he llevado a mi cabina y a cada una de mis clientas, creando estilos únicos de belleza natural. Más adelante, me especialicé en dietética naturista, herbodietética y alimentación consciente. Para ello entré en la cocina, para no salir jamás. Creando platos maravillosos, prácticos, y usando la cocina de aprovechamiento. Todo ello lo llevé a mi academia *on-line* Natural Style Academy, donde formé a mujeres para crear un estilo de vida único, además de especializarme en escribir *e-books* de estilo de vida. Mi trayectoria continúa con las terapias complementarias, la naturopatía, el *coach* nutricional, el *mindfulness* y el yoga. Durante este proceso he creado mi blog, que fue nominado a mejor medio de comunicación *on-line* por Salón Look. Ahora llevo toda mi experiencia y mi trabajo a mi nueva web (www.ezaolife.com), donde se englobará todo mi trabajo audiovisual, escrito y de formación.

UN BAILE ENTRE LA ALIMENTACIÓN Y LA SALUD MENTAL

La ansiedad y el estrés vinculados con la alimentación consciente. Un análisis profundo

INTRODUCCIÓN

En la sociedad actual, marcada por el ritmo acelerado de la vida, las presiones laborales, físicas y de estatus, sumado a la constante saturación de información, el estrés y la ansiedad, se han convertido en compañeros habituales para muchas personas. El estrés y la ansiedad son condiciones cada vez más comunes, que afectan a millones de personas en todo el mundo. Estas emociones, cuando no se manejan adecuadamente, pueden tener efectos negativos en la salud mental y física. Todo esto nos ha llevado a la búsqueda de una vida más saludable y plena. Explorando diferentes prácticas para poder lidiar con estas dos emociones, entre estas prácticas, descubrimos la alimentación consciente. Esta práctica está basada en la atención plena, en el acto de comer y la conexión con las señales que nos da nuestro cuerpo. Busca promover una relación más sana con la comida y mejorar el bienestar integral.

En este ensayo exploraremos la conexión entre estos aspectos; analizaremos cómo la alimentación consciente puede servir como una herramienta efectiva para el manejo del estrés y la ansiedad que podemos sentir en momentos determinados de nuestra vida. Y la relación entre la alimentación consciente y la ansiedad, explorando sus causas, sus manifestaciones y las estrategias para abordarla. Además, comentaremos la importancia de un enfoque individualizado y la necesidad de buscar ayuda profesional cuando sea necesario.

DEFINICIÓN Y CONCEPTO DEL ESTRÉS Y LA ANSIEDAD

El estrés es una respuesta natural del cuerpo a situaciones percibidas como desafiantes o amenazantes. Es una reacción adaptativa que nos permite a los seres humanos enfrentarnos a situaciones difíciles. Sin embargo, cuando el estrés se vuelve crónico, puede tener efectos adversos en nuestra salud, incluyendo trastornos del sueño, problemas cardiovasculares y un mal funcionamiento de nuestro sistema inmunológico.

La ansiedad, por otro lado, es una emoción caracterizada por sentimientos de tensión, preocupación y miedo ante situaciones futuras o desconocidas. Aunque, como el estrés, la ansiedad puede ser una respuesta adaptativa en situaciones de peligro, cuando se presenta de manera crónica o excesiva, puede llevar a trastornos de ansiedad que afectan gravemente a nuestra calidad de vida.

LA ALIMENTACIÓN CONSCIENTE: UN ENFOQUE HOLÍSTICO

¿Qué es la alimentación consciente?

La alimentación consciente, también conocida como *mindful eating*, es una práctica que promueve prestar atención plena al acto de comer. Se trata de desarrollar una conexión profunda con las señales internas de hambre y saciedad, tomar decisiones alimentarias conscientes y disfrutar de la experiencia de comer sin distracciones, ya que muchas veces las distracciones pueden hacer que no tengamos control de nuestro cuerpo y de las señales que este nos envía. Un ejemplo sería el siguiente: cuando comemos en frente del televisor, muchas veces no prestamos atención a las señales de saciedad que nos envía nuestro cuerpo y seguimos comiendo sin hambre, porque estamos distraídos con lo que se nos cuenta a través de la pantalla.

La alimentación consciente es una práctica que implica prestar atención plena a la experiencia de comer. Estar presente en el momento, observando los pensamientos, sentimientos y sensaciones corporales; eso sí, siempre sin juzgarnos. Se trata de comer sin distracciones, observando las señales del cuerpo, tales como el hambre, la saciedad, el sabor, la textura y las emociones asociadas a la comida, como pueden ser la alegría, la tristeza, etc.

El objetivo de la alimentación consciente es desarrollar una relación más sana y equilibrada con la comida, eliminando los patrones de alimentación negativos, como la comida emocional, la alimentación compulsiva y la restricción.

Este enfoque tiene como objetivo mejorar la relación con la comida, combatir los patrones de alimentación poco saludables y promover una alimentación más nutritiva y satisfactoria.

La alimentación consciente se aleja del enfoque tradicional de la dieta, que a menudo se centra en las restricciones calóricas y el control de porciones, y en su lugar, fomenta una relación más saludable y equilibrada con la comida. Se trata de escuchar al cuerpo y responder a sus señales internas, en lugar de comer por estrés, ansiedad o simplemente por hábito.

EL IMPACTO DEL ESTRÉS Y LA ANSIEDAD EN LOS HÁBITOS ALIMENTICIOS

El estrés y la ansiedad tienen un impacto profundo en los hábitos alimenticios. Cuando estamos estresados, nuestro cuerpo libera cortisol, una hormona que aumenta el apetito y puede llevar a la sobrealimentación, especialmente de alimentos altos en grasa y azúcar, comúnmente conocidos como «alimentos reconfortantes». Este tipo de alimentación puede llevarnos a un ciclo vicioso en el cual el estrés induce a una alimentación no saludable, lo que a su vez puede aumentar la sensación de culpa y la ansiedad, perpetuando el ciclo.

Además, el estrés y la ansiedad pueden llevarnos a una desconexión entre nuestro cuerpo y nuestra mente, lo que significa que podemos comer sin ser conscientes de lo que estamos consumiendo o de cuánto estamos comiendo. Este fenómeno, conocido como «alimentación emocional», ocurre cuando usamos la comida como una forma de lidiar con nuestras emociones, en lugar de satisfacer el hambre física que sentimos.

LA ALIMENTACIÓN CONSCIENTE Y LA ANSIEDAD: UNA RELACIÓN COMPLEJA

La ansiedad puede manifestarse de diversas formas en relación con la alimentación. Algunas personas con ansiedad pueden experimentar una pérdida de apetito, mientras que otras pueden recurrir a la comida como mecanismo de defensa frente a la ansiedad. Esto puede conducirnos a patrones de alimentación poco saludables que, a su vez, pueden empeorar nuestra ansiedad.

ALIMENTACIÓN CONSCIENTE COMO HERRAMIENTA PARA EL ESTRÉS Y LA ANSIEDAD

La alimentación consciente ha sido propuesta como una herramienta efectiva para reducir el estrés y la ansiedad. A diferencia del concepto que tenemos como dietas tradicionales, que muchas veces se basan en reglas estrictas y restricciones, la alimentación consciente nos permite cambiar nuestra relación con la comida. Al fomentar una mayor atención de las señales internas del cuerpo, nos ayuda a reconocer la diferencia entre el hambre física y el hambre emocional.

Además, la alimentación consciente promueve un enfoque del «no castigo» o de penalización hacia la comida. En lugar de ver los alimentos como «buenos» o «malos», se nos anima a observar nuestras reacciones hacia los distintos alimentos sin juzgarnos, lo que puede reducir nuestra ansiedad asociada con la alimentación. La práctica de la alimentación consciente también puede ayudarnos a interrumpir el ciclo de alimentación emocional al brindarnos una alternativa para lidiar con el estrés y la ansiedad que sentimos en ese momento.

INTEGRACIÓN DE LA ALIMENTACIÓN CONSCIENTE EN LA VIDA COTIDIANA

Para integrar la alimentación consciente en tu vida cotidiana, es fundamental comenzar con pequeños cambios. Algunas prácticas que te puedo recomendar son:

1. Comer sin distracciones. Esto implica tener la televisión apagada mientras comes, guardar el teléfono y centrarse únicamente en la comida. Al eliminar las distracciones, es más fácil que estés presente y disfrutes de la experiencia de comer.
2. Masticar lentamente. Este es un componente clave de la alimentación consciente. Al masticar despacio, das tiempo a tu cerebro para registrar las señales de saciedad, lo que puede prevenir la sobrealimentación.
3. Reconocer las señales de hambre y saciedad. Aprender a diferenciar entre el hambre física y el hambre emocional es esencial para la alimentación consciente. Esto implica escuchar a tu cuerpo y comer solo cuando realmente tienes hambre, y detenerse cuando te sientes satisfecho.

4. Observar los pensamientos y emociones. La alimentación consciente también implica que seas consciente de tus pensamientos y emociones, las cuales surgen mientras estás comiendo. En lugar de reaccionar automáticamente a estos pensamientos, puedes observarlos sin juzgar y tomar decisiones más conscientes.
5. Practicar la gratitud por la comida. Antes de comer, toma un momento para apreciar los alimentos y ser conocedor del esfuerzo que ha supuesto llevarlos hasta tu plato. Puede aumentar la conciencia y el disfrute de tu comida.

DESAFÍOS EN LA PRÁCTICA DE LA ALIMENTACIÓN CONSCIENTE

A pesar de los beneficios potenciales que tiene la alimentación consciente, la implementación de esta práctica te puede llevar a enfrentar varios desafíos. Uno de los principales obstáculos es la falta de tiempo. En un mundo acelerado, muchas personas se sienten presionadas a comer rápidamente, lo que dificulta su práctica. Además, las expectativas sociales y culturales también pueden desempeñar un papel en la forma en la cual comemos. En muchas culturas, la comida se asocia con celebraciones, reuniones sociales y otras actividades que pueden hacer que sea difícil comer de manera consciente y con atención plena.

Otro desafío al cual te puedes enfrentar es la resistencia interna. Para algunas personas, comer rápidamente o de manera inconsciente se ha convertido en un hábito que puede ser difícil de cambiar. Además, la alimentación consciente requiere un nivel de autoconciencia y la disposición para enfrentarse a las emociones que pueden surgir durante la comida, lo que puede ser incómodo para algunas personas.

Sin embargo, estos desafíos no son insuperables. Con la práctica y el apoyo adecuado, es posible superar estos obstáculos y desarrollar una relación más saludable y consciente con la comida. Por ejemplo, la incorporación gradual de prácticas de alimentación consciente, como comenzar con una comida al día, puede ayudarte a adaptarte a esta nueva forma de comer. Además, buscar el apoyo de un terapeuta o un grupo de apoyo te puede ser útil para sentirte acompañado.

ALIMENTACIÓN CONSCIENTE: UNA GUÍA PARA EVITAR CAER EN LA TRAMPA DE LA PERFECCIÓN

Si bien la alimentación consciente tiene muchos beneficios potenciales, también puede generar algunas emociones no tan positivas, como, por ejemplo, la frustración en algunas personas.

1. Presión por la perfección. Si buscas la perfección en la práctica, puede generarte una sensación de culpa, vergüenza y frustración, especialmente si piensas que estás cometiendo errores en la práctica o experimentas dificultades para controlar los pensamientos o las emociones más negativas.
2. Enfoque en las restricciones. Si prestas excesiva atención a las restricciones alimentarias, puede que aumenten tus deseos por los alimentos prohibidos y generarte sentimientos de privación.
3. Obsesionarse con la comida: Si la alimentación consciente se convierte para ti en una fuente de preocupación o ansiedad constante, lo más probable es que te surjan más pensamientos negativos sobre la comida y tu cuerpo.
4. Exceso de atención y autocrítica. El exceso de atención que se presta a cada bocado que das puede generar algo de estrés. Esta atención excesiva puede llevar a una autocrítica constante sobre las elecciones alimentarias, generando sentimientos de culpa, vergüenza e incluso una obsesión con la comida.
5. Presión por comer «perfectamente». La alimentación consciente a veces se asocia con la idea de comer «perfecta-

mente», lo que te puede generar una presión innecesaria y una sensación de fracaso ante cualquier desviación de esta forma de alimentarse. Esta presión puede intensificarse en personas con trastornos alimenticios previos o con una baja autoestima.

6. Dificultad para lidiar con las emociones. Esta práctica puede ser particularmente difícil para personas que utilizan la comida como mecanismo para regular sus emociones. Al prestar atención plena a las emociones que te surgen durante la comida, puede que te sientas abrumada e incapaz de manejarlas de manera saludable.
7. Expectativas poco realistas. Es importante tener expectativas realistas sobre la alimentación consciente. No es una solución mágica que eliminará todos tus problemas relacionados con la comida de la noche a la mañana. De hecho, puede que experimentes un aumento inicial de la ansiedad a medida que comienzas a explorar tu relación con la comida.

MANIFESTACIONES DE LA ANSIEDAD Y EL ESTRÉS EN LA ALIMENTACIÓN CONSCIENTE

Los síntomas de la ansiedad y el estrés en la alimentación consciente pueden ser diversos e incluir:

1. Dificultad para relajarte durante las comidas: comer con tensión, prisa o sin disfrutar del proceso.
2. Pensamientos constantes sobre las elecciones alimentarias: pensar en la comida de forma obsesiva, incluso después de haber comido.
3. Sentimientos de culpa y vergüenza: sentirte mal por comer ciertos alimentos o por no seguir estrictamente los principios de la alimentación consciente.

4. Pérdida de interés en comer: la comida se convierte en una fuente de estrés y ansiedad, lo que te lleva a una disminución del apetito y a una menor ingesta de alimentos.
5. Síntomas físicos: inquietud, sudoración, náuseas, dolores de cabeza, etc.

ESTRATEGIAS PARA ABORDAR LA ANSIEDAD Y EL ESTRÉS EN LA ALIMENTACIÓN CONSCIENTE

Si sientes ansiedad o estrés al practicar la alimentación consciente, es importante tomar medidas para abordarla de manera saludable:

1. Enfócate en la experiencia presente. En lugar de juzgar tus elecciones alimentarias o preocuparte por el futuro, concéntrate en las sensaciones físicas y emocionales que experimentas en el momento presente.
2. Practica la autocompasión. Sé amable contigo mismo y reconoce que es normal experimentar emociones difíciles. No te critiques por tus errores o por no ser perfecto.
3. Establece metas realistas. No te propongas cambiar tus hábitos alimenticios de la noche a la mañana. Comienza con pequeños cambios y avanza gradualmente.
4. Busca apoyo profesional. Si la ansiedad o el estrés son graves o interfieren en tu vida diaria, es importante buscar ayuda de un psicólogo o un nutricionista especializado en trastornos alimenticios.

RECOMENDACIONES PARA PRACTICAR LA ALIMENTACIÓN CONSCIENTE SIN AUMENTAR LA ANSIEDAD

Para evitar que la alimentación consciente se convierta en una fuente de estrés o ansiedad, es importante llevarla a cabo de manera gradual. Aquí te dejo algunas recomendaciones:

1. Comienza con pequeños pasos. No intentes cambiar todos tus hábitos alimenticios de la noche a la mañana. Comienza con pequeños cambios, como prestar atención a las señales de hambre y saciedad, o comer sin distracciones.
2. Escucha tu cuerpo. Come cuando tengas hambre y deja de comer cuando te sientas satisfecho. No ignores las señales de tu organismo. Solo préstales atención y prueba a hacerle caso a tu cuerpo.
3. Enfócate en la experiencia de comer. En lugar de centrarte en la perfección o en los resultados, concéntrate en disfrutar de la experiencia de comer. Observa y presta atención a los sabores, las texturas, los aromas y los colores de la comida. Come despacio y sin distracciones.
4. Practica la autocompasión. No te juzgues por tus errores o por las dificultades que puedas tener. Todos cometemos errores de vez en cuando. Es normal cometer errores en el camino. Si comes algo que no tenías planeado, no te castigues. En cambio, practica la autocompasión y vuelve a tu enfoque en la alimentación consciente con ese mismo alimento.
5. Busca ayuda profesional. Si sientes que la alimentación consciente está exacerbando tus síntomas de ansiedad o estrés, busca ayuda de un profesional de la salud mental o un nutricionista especializado en trastornos de la alimentación. Si la ansiedad te está impidiendo practicar la alimentación consciente, o si estás luchando con problemas de alimentación, busca ayuda profesional. Un terapeuta puede

ayudarte a desarrollar estrategias para gestionar tu ansiedad y desarrollar una relación saludable con la comida.

En conclusión, la alimentación consciente puede ser una herramienta valiosa para mejorar la salud mental y física. Sin embargo, es importante ser consciente de la relación compleja que existe entre la alimentación consciente y la ansiedad. Si experimentas ansiedad, es importante seguir las recomendaciones mencionadas anteriormente y buscar ayuda profesional si es necesario.

Recuerda que la alimentación consciente es un viaje, no un destino. Disfruta del proceso y celebra tus avances en el camino.

BENEFICIOS DE LA ALIMENTACIÓN CONSCIENTE PARA LA SALUD MENTAL

Numerosos estudios han demostrado que la alimentación consciente puede tener un impacto positivo en la salud mental, incluyendo lo siguiente:

1. Reducción de los síntomas de ansiedad y estrés. Al enfocarte en el presente y en las sensaciones corporales, esta práctica puede ayudarte a desconectar de los pensamientos obsesivos y las preocupaciones que alimentan tu ansiedad. Al prestar atención a las señales de tu cuerpo y comer de manera consciente, puedes identificar y gestionar mejor tus emociones, sobre todo, aquellas asociadas a la ansiedad y al estrés.
2. Mejora del estado de ánimo. También puede fomentar un mayor disfrute de la comida, lo que puede tener un efecto positivo en tu estado de ánimo y reducir los sentimientos de tristeza o irritabilidad. La práctica de la alimentación consciente puede aumentar tus niveles de serotonina y dopamina, neurotransmisores relacionados con la felicidad y el bienestar.

3. Mayor autocompasión. Promueve una actitud más amable y comprensiva hacia uno mismo, especialmente en relación con los errores o las recaídas en patrones de alimentación poco saludables.
4. Disminución de los atracones de comida. Al estar más presente durante las comidas, puedes evitar comer en exceso como respuesta a emociones negativas.
5. Mejora de la imagen corporal. Puede ayudarte a desarrollar una relación más positiva con tu cuerpo, lo que puede conducir a una mejor imagen corporal y una mayor autoestima.
6. Reducción de la alimentación emocional. La capacidad de distinguir entre el hambre física y el hambre emocional es fundamental para evitar comer en respuesta a las emociones negativas.

Sin embargo, es importante tener en cuenta que la alimentación consciente no es una solución única para todos los problemas de salud mental.

CONCLUSIÓN

La relación entre el estrés, la ansiedad y la alimentación es compleja y multifacética. El estrés y la ansiedad pueden llevar a hábitos alimenticios poco saludables, lo que a su vez puede aumentar estos estados emocionales. La alimentación consciente ofrece una alternativa prometedora para romper este ciclo, promoviendo una relación más saludable y equilibrada con la comida. A través de la consciencia plena, es posible desarrollar una mayor autoconsciencia, mejorar la regulación emocional y adoptar hábitos alimenticios más saludables.

Si bien la implementación de esta herramienta puede enfrentar desafíos, los beneficios potenciales para la salud mental y física hacen que valga la pena el esfuerzo. Al integrarla en tu vida cotidiana, puedes no solo mejorar tu relación con la comida, sino también encontrar una forma más saludable de manejar el estrés y la ansiedad. Y, por último, la alimentación consciente puede ser una herramienta poderosa para fomentar un bienestar integral, ayudándote a vivir de manera más plena y saludable.

Recuerda que la alimentación consciente no es una dieta, sino un enfoque holístico que busca mejorar tu relación con la comida y contigo mismo.

FRANCESCA GUERRERO

«HÁBITOS SALUDABLES: ESE DIFÍCIL RETO»

Nacida en Barcelona, reside en Andorra, su país de adopción, en el que vive felizmente casada y es madre de dos hijos. Considera a la familia el pilar de su vida. Valora la amistad y el compromiso. Se define como una persona soñadora y creativa.

Es enfermera y trabaja en atención primaria desde hace ya muchos años. Disfruta de su trabajo ya que sus vocaciones son comunicar y ayudar a los demás.

Aunque participa en proyectos en los que la salud es el eje central, desde muy pequeña su imaginación la lleva a inventar historias y por ello dedica una parte de sus días a escribir novelas y relatos cortos.

Ha participado como coautora del libro colectivo *Perspectivas de la salud. Un viaje hacia el bienestar integral*, de editorial Éride. Y su experiencia y visión en el campo de la salud la llevan a contribuir en este libro.

HÁBITOS SALUDABLES: ESE DIFÍCIL RETO

Soy enfermera. Trabajo en atención primaria desde hace muchos años. Una parte importante del trabajo que se desarrolla en las consultas es la educación para la salud tanto a nivel preventivo como en el seguimiento de procesos patológicos agudos y crónicos, sobre todo, estos últimos, asociados en muchas ocasiones a personas de cierta edad a quienes no les resulta sencillo modificar aspectos habituales de sus vidas.

Los viejos hábitos son difíciles de eliminar. Cambiar los hábitos implica tiempo y constancia. Hay multitud de costumbres arraigadas por el tiempo que no son fáciles de obviar. En este ensayo hacemos una reflexión basada en datos y determinaciones que encontramos en la múltiple bibliografía existente, mi propia experiencia y aportando herramientas que podrían ayudar a aquellas personas que estén dispuestas a asumir ese reto.

En los últimos años la vida saludable y el cuidarse se han puesto de moda. Esto ha ayudado a que algunos de estos cambios ya hayan llegado a muchas personas que por iniciativa propia han adaptado su forma de vida a una búsqueda de la salud y el bienestar a través de la meditación, la alimentación, el ejercicio en sus múltiples formas, etc.

La Organización Mundial de la Salud (OMS) define los estilos de vida saludables como una «forma de vida basada en la interacción entre las condiciones de vida en un sentido amplio y los patrones individuales de conducta determinados por factores socioculturales y características personales».

En las consultas de los sanitarios, se viven a diario situaciones de «bloqueo» en los tratamientos debido a la dificultad que muchas personas tienen para asumir un cambio de hábitos en sus vidas. Pese a ser conocedores de lo que este cambio puede suponer para ellos, y aun cargados de buenas intenciones, no son pocas las personas que fracasan en su intento.

Reflexionemos sobre los puntos que pueden ser de interés en este proceso para entender por qué puede resultar complicado.

En algunos momentos haré alusión a los profesionales de la salud, ya que ellos son referentes de salud en el desarrollo de la prevención y del proceso de cuidado cuando una enfermedad ya ha aparecido, para que se pueda entender la labor y el reto que también supone para el profesional estas intervenciones necesarias. Esto no quiere decir que lo que viene a continuación sea solo para ellos. Este ensayo está dirigido a cualquier persona que opte por entender el procedimiento de cambio.

MOTIVACIÓN

El éxito que tenga el tratamiento indicado por el profesional estará condicionado por la motivación, aunque hay otros factores que también influyen. Es una cuestión importante en la que se puede trabajar. El momento de la vida en que nos encontremos también será uno de los factores que determinarán la voluntad del inicio del cambio.

Tanto médicos como enfermeros tienen por delante un desafío diario en sus consultas, y este es ayudar a los pacientes a que sigan las recomendaciones aplicando los cambios de vida que mejoren su salud y que estos sean mantenidos en el tiempo. Hay personas que tienen dificultades para motivarse si los beneficios no son a corto plazo, cosa que contribuye a que fracasen en la consecución de su objetivo.

Aclaremos primero los hábitos en los que podemos actuar y que están enumerados por la OMS: tener una alimentación saludable, realizar actividad física de forma regular, evitar tabaquismo, tener una buena interacción social, correcta higiene, equilibrio mental y un buen descanso, además del hecho de seguir su tratamiento como está indicado. Todo ello, de forma adaptada a las necesidades y posibilidades de cada individuo.

La motivación, según la ciencia, puede ser intrínseca, la que viene del interior y que está asociada a nuestros valores, al crecimiento personal y al placer que se siente al realizar dicho acto, y, por otro lado, la extrínseca, la que proviene de las indicaciones del personal sanitario o que surge por decisión propia para sentirse aceptado por el resto. En este caso, podríamos poner el ejemplo de querer adelgazar para verse mejor a ojos de los demás.

La motivación viene determinada por una fuerza que nos aportan nuestros propios deseos, los elementos facilitadores y los incentivos. Además, existen diferentes grados de motivación. De la misma forma que no todo es blanco o negro, en la motivación también existe una buena escala de grises.

Seguir las indicaciones del médico o enfermero tendrá un impacto directo en la salud, especialmente en el caso de enfermedades crónicas o que requieran cambios permanentes en el estilo de vida. Es por ello que el papel de estos profesionales tiene especial importancia. Ellos serán quienes lo acompañarán en este difícil camino mostrándole los beneficios y ayudándolo a superar los obstáculos.

Los hábitos saludables no solo son necesarios para el seguimiento de enfermedades buscando la mejora o evitando el deterioro, también pueden prevenir dolencias. Son pues útiles y necesarios en cualquier momento de la vida.

En este aspecto, la enfermera en su rol de educadora ocupa una posición privilegiada para favorecer las modificaciones de ciertos hábitos de vida. A través de la educación para la salud no solo se pretende informar al paciente y a la familia sobre su enfermedad, también acompaña en el proceso de cambio de los comportamientos que no resulten adecuados y en el aprendizaje de nuevos hábitos de vida.

INFORMACIÓN

La información es poder. Cuanto más sabemos sobre un tema, más herramientas tenemos para gestionar su control. Esto es importante, no solo por la importancia de seguir el tratamiento y las indicaciones, sino también porque debemos conocer las consecuencias que puede tener el no hacerlo.

Pero no toda la información es válida. En la actualidad, la búsqueda en internet es un acto cotidiano para muchos. ¿Quién no ha mirado información en Google acerca de algún síntoma o enfermedad propia o ajena? La curiosidad nos puede y, antes de ir a la consulta médica o de enfermería, en muchas ocasiones ya hemos indagado sobre temas concretos. No siempre son la mejor referencia, ya que hay que saber buscar en los sitios adecuados.

En los montones de sitios web que existen, algunos proporcionan información fiable, y otros, en cambio, no. En algunos artículos médicos los datos no están actualizados. Generalmente, los sitios web relacionados con la salud que están patrocinados por Gobiernos, organizaciones profesionales o las escuelas de medicina más reconocidas son buenas fuentes de información.

OBJETIVOS

Es importante saber identificar lo que realmente queremos conseguir con este esfuerzo. El profesional puede plantear las ideas que ayuden en el proceso, pero lo que realmente es importante es lo que la persona quiere. Lo que tú quieres. La finalidad es aprender a manejar la enfermedad de forma activa y, para ello, contar con el apoyo de los profesionales en el curso de esta transformación.

Este objetivo determinará en gran medida el éxito del tratamiento, ya que se verá influido por la motivación.

Del mismo modo se considera que es mejor que los objetivos que se planteen no sean ambiciosos. Es mejor plantear objetivos a corto plazo, como pequeños pasos que vayan afianzando los nuevos hábitos y que nos animen a continuar luchando cada día por seguir adelante con un cambio que puede suponer un gran esfuerzo. Como en el caso de decidir hacer ejercicio, mejor ir aumentando de forma paulatina y segura nuestro hábito, en lugar de establecer un ritmo que suponga un gran sacrificio y que no podamos mantener en el tiempo.

¡PUEDES!

Este mensaje, «¡PUEDES!», es muy importante. Debes creer que hacer el cambio está en tus manos. Con pequeñas variaciones puedes conseguir muchas mejoras en tu salud. Sentirte animado a intentarlo, aunque sea un cambio temporal que no perdure, ayudará a ver que has sido capaz y podrás indagar en qué momento has fallado para solucionarlo en futuras ocasiones.

Hay una herramienta que utilizan los profesionales y que está perfectamente documentada: es la entrevista motivacional.

William R. Miller, psicólogo clínico norte mericano y profesor de Psiquiatría en la Universidad de Nuevo México, junto con Stephen Rollnick, profesor de Psicología Clínica en la Universidad de Cardiff, definieron el concepto de «entrevista motivacional» de la siguiente manera:

> Una línea de conversación de colaboración que sirve para fortalecer a la persona y su compromiso de cambio. […].
>
> Un medio de comunicación colaborativo, orientado a los resultados, con especial atención al lenguaje de cambio, está destinado a reforzar la automotivación y el compromiso del individuo para alcanzar un propósito específico, investigando sus estímulos personales de cambio en un ambiente de aceptación y compasión.

El profesional estará pendiente de detectar señales que indiquen que el paciente empieza a utilizar el lenguaje de cambio. Estas señales consisten en ver que empezamos a escuchar las recomendaciones que nos dan, somos capaces de visualizar los beneficios que podemos obtener, compartimos las preocupaciones explicando los obstáculos que observamos como condicionantes y manifestamos la voluntad de hacer el cambio. Estas señales apuntan a que ya estamos preparados para hacer este viaje hacia la salud y el bienestar.

Como se puede ver, los profesionales buscan formas de motivar a los pacientes y así ayudarlos a conseguir los objetivos pactados, aunque ello a veces suponga el difícil reto de cambiar creencias. Cuando hablamos de creencias, entramos en otro tema controvertido, ya que son aquellos pensamientos muy arraigados y que forman parte de la esencia de cada persona.

Veámoslo en el siguiente apartado.

CREENCIAS

Cuando nos referimos al término *creencias*, no hablamos solo del aspecto religioso, que también es importante e influye directamente en los hábitos que culturalmente adoptamos, sino que nos referimos también a las convicciones más profundas en cada uno de los temas que hemos nombrado como hábitos saludables. Si una persona cree que hacer ejercicio no va a influir en los resultados, será muy complicado que al menos lo intente. Del mismo modo estarán también presentes los aspectos que formen parte de sus experiencias o las que han podido observar en las personas más allegadas, los mensajes recibidos durante nuestra infancia, así como nuestro autoconcepto y autoestima. Las creencias pueden ser impulsoras de lo que queremos conseguir. El problema se presenta cuando estas creencias son limitadoras, ya que te pueden condicionar de forma negativa. Un ejemplo podría ser el pensar que no somos capaces de hacer alguna cosa que tal vez ni hemos intentado. Si aprendemos a identificarlas, podemos conseguir evitarlas. Las creencias no son permanentes y pueden transformarse en pensamientos positivos. Cuestiona tus propios razonamientos cuando veas que van en contra de tu voluntad de cambio o de lo que ves que funciona en otras personas y busca acompañamiento psicológico si lo crees necesario.

VENTAJAS

Si trabajas para adquirir hábitos más saludables, verás que las ventajas son evidentes:

- Notarás que tienes más energía.
- Mantendrás un peso saludable reduciendo el riesgo de padecer obesidad.
- Reducirás el riesgo de contraer enfermedades como diabetes tipo 2, enfermedades cardiovasculares, hipertensión arterial e hipercolesterolemia.
- Mejorarás el bienestar mental reduciendo la ansiedad y el estrés.
- Mejorarás el sueño.
- Mejorarás la percepción de bienestar.
- Disfrutarás de una buena calidad de vida.

Verás que eres capaz de hacerlo aumentando tu autoestima y mejorando con ello tu equilibrio físico y mental. «Me siento bien conmigo mismo. Me cuido».

INCONVENIENTES

Como en todo proceso, puede haber también inconvenientes con los que deberás lidiar. Por ejemplo, seguir una alimentación más saludable puede suponer un incremento en el gasto y el tiempo que se necesita para cocinar. También puede ser complicado que la familia te acompañe en este proceso adaptándose también a comer de forma más saludable. El no poder comer ciertas cosas que te gustan tampoco ayuda.

Podríamos continuar la lista: no tener alguien que te acompañe en tus paseos o actividades, si es que te gusta hacerlos acompañado. Los procesos estresantes, a veces ajenos a nosotros, tampoco ayudan, pues quitan la energía y pueden mantenernos sumidos en un estado depresivo y de bloqueo que para nada favorece en un proceso como este.

LOS SIETE HÁBITOS SALUDABLES

De nuevo, recurrimos a la OMS, que habla del papel primordial que tiene en nuestra vida crear hábitos de vida saludables que permitan un mejor cuidado físico y mental para todas las personas.

Vamos a desglosar los siete hábitos saludables que recomienda la organización:

Ejercicio

Hacer actividad física fortalece los músculos, refuerza el sistema inmunológico, controla el peso corporal y disminuye el estrés. El ejercicio fortalece los huesos, el corazón y los pulmones, y además tonifica los músculos, mejora la vitalidad y ayuda a conciliar mejor el sueño. Como ven, hacer ejercicio mejora la vida.

La OMS también se pronuncia de forma específica sobre la actividad física y los hábitos sedentarios. Afirma que cada año podrían evitarse entre cuatro y cinco millones de muertes si todas las personas se mantuvieran más activas físicamente. Sus mensajes principales al respecto son:

- La actividad física es buena para el corazón, el cuerpo y la mente.
- Cualquier cantidad de actividad física es mejor que ninguna. Y cuanta más, mejor.
- Toda actividad física cuenta.
- El fortalecimiento muscular beneficia a todas las personas.
- Demasiado sedentarismo puede ser malsano.
- Todas las personas pueden beneficiarse de incrementar la actividad física y reducir los hábitos sedentarios.

Además de estos puntos que dicta la OMS, puedes tener en cuenta los siguientes:

- Sube las escaleras siempre que puedas.
- Evita pasar mucho tiempo sentado. Camina en compañía si te es más agradable, baila…
- Pon una alarma en el móvil que te recuerde que tienes que caminar.
- Haz listas de ideas para mantenerte activo. Proponte actividades que te gusten y que impliquen movimiento.

Alimentación

Asumir hábitos alimentarios saludables implica mucho más que tener un buen aspecto físico. Evita la obesidad y otras enfermedades crónicas en las que es muy importante llevar una alimentación correcta, además de mejorar nuestra calidad de vida. La sociedad actual está más concienciada en asumir un estilo de vida saludable y son cada vez más las personas que buscan ayuda en profesionales de la nutrición y el deporte para hacer frente y mantener el establecimiento de este hábito en el tiempo.

- Toma frutas y verduras en todas las comidas.
- Prioriza los alimentos de temporada.
- Haz una dieta variada.
- Utiliza frutos secos, frutas frescas y verduras crudas si necesitas comer entre horas.
- Reduce el consumo de azúcar.
- Haz una ingesta moderada de las grasas.
- Controla el consumo de sal.
- Comparte con tu profesional de confianza tus logros y dificultades. Él te acompañará en este proceso con escucha activa y consejos para conseguir tu objetivo.
- Haz listas de cosas que puedas comer. Mejor las listas en positivo.

Alcohol y tabaco

Reduce el consumo de alcohol. Debes controlar y moderar el consumo de bebidas alcohólicas. La exposición indirecta al humo del cigarrillo puede, entre otras cosas, estar ligada a enfermedades cardíacas.

Asimismo, elimina el consumo de tabaco. Abandona el hábito de fumar para prevenir riesgos que afectan la salud. Un obstáculo puede ser el hecho de que tu pareja o amigos fumen.

Hay centros de ayuda para quien quiera abandonar el consumo de tabaco. Ellos te pueden ayudar en este difícil reto. Pero recuerda, empieza por ti.

Interacción social

Mantente activo e interacciona socialmente. Mantener relaciones sociales que permitan generar diálogos, ya sea en un ámbito laboral, personal, educativo o recreativo, es beneficioso para tu salud.

- Haz actividades en compañía.
- Programa salidas (cine, paseos, viajes y actividades).
- Elabora una lista de actividades divertidas que puedas ir tachando a medida que las vas realizando.

Higiene corporal

Tener una buena higiene es, sin lugar a dudas, una forma de cuidar tu salud. Hay millones de virus y gérmenes con los que tenemos contacto a diario y que pueden permanecer en nuestro cuerpo, llegando en ocasiones a enfermarnos. La higiene te ayudará a prevenir enfermedades, además de la sensación de limpieza y bienestar que nos aporta.

El concepto de «higiene» se extiende más allá de nuestra persona. Es también importante en nuestro hogar, en el trabajo y en la escuela. En todo lo que nos rodea.

- Toma una ducha diaria.
- Lávate las manos con agua y jabón antes de cada comida y al salir del baño.
- Cepíllate los dientes después de las comidas.
- Mantén tus uñas limpias y cortas.
- Mantén tu casa limpia y ordenada.
- Lava las frutas y verduras antes de consumirlas.

Equilibrio mental

Para disfrutar un buen equilibrio mental, es importante tener bienestar emocional entre el cuerpo, la mente y el espíritu. Este equilibrio nos ayudará a mejorar nuestra salud, afrontar con más entereza el estrés, trabajar de forma más productiva y mejorar nuestras relaciones con los demás.

- Puedes practicar yoga, meditación, o simplemente concéntrate en la respiración tranquilamente. Esto te ayudará a reducir el estrés.
- Mantén una actitud positiva.
- Busca apoyo si es necesario, sobre todo en personas de tu confianza.
- Practica la gratitud.
- Disfruta de la naturaleza y de viajar.
- Sé humilde y aprende a escuchar.

Dormir

Descansar bien por la noche es imprescindible para que nuestro cuerpo y nuestra mente rindan durante el día. Son necesarias de 7 a 8 horas para que nuestro cerebro se regenere. En el caso de los niños y adolescentes, son necesarias más horas de descanso. Tan importante como la cantidad de sueño es la calidad del mismo para levantarnos descansados. Hay ocasiones en las que puede ser difícil quedarse dormido. También puede ser habitual despertarse a medianoche y puede costar volver a dormir. Trabajar en horarios nocturnos se asocia con efectos negativos para la salud, el sueño y el funcionamiento cognitivo.

Recomendaciones durante el día:

- Mantente activo haciendo ejercicio todos los días que te sea posible, pero no antes de dormir.
- Disminuye el consumo de café, alcohol y tabaco.
- Practica técnicas de relajación, como son el yoga o la meditación.

Recomendaciones para antes de acostarse:

- Se recomienda que el dormitorio sea un espacio limpio y fresco en el que poder controlar, por una parte, el sonido, evitando ruidos que te incomoden y utilizando, si es de tu agrado, «ruido blanco», como una música suave, y, por otro lado, la luz, manteniendo la habitación oscura para facilitar el descanso.
- Evitar comidas pesadas a la hora de la cena.
- Aleja de tu alcance dispositivos electrónicos que te tienten a responder o trabajar.
- Haz cosas relajantes, como leer.
- Intenta acostarse siempre a la misma hora.

Para concluir, recuerda que te ayudará compartir con los demás tus logros y dificultades, que los objetivos son clave en el éxito de esta misión y que está en tus manos conseguirlo. ¡Puedes hacerlo!

Bibliografía

Aliaga, Victoria Pilar *et al.* «El papel clave de los enfermeros para la promoción de la prevención de enfermedades y la educación de hábitos de vida saludables». *Revista sanitaria de investigación.* 19 marzo 2023. Disponible en https://revista-sanitariadeinvestigación.com/category/enfermeria.

Bóveda Fontan, Julia *et al.* «Evidencia actual de la entrevista motivacional en el abordaje de los problemas de salud en atención primaria». *Elsevier Doyma Atención primària.* 2013, 45(9), pp. 486-495. Disponible en https://dx.doi.org/10.1016/j.aprim.2013.01.014.

Marco Landa, L.; Bermejillo Eguía, I.; Garayalda Fernandez de Pinedo, N.; Sarrate Adot, I.; Margall Coscojuela, M. A.; Asiain Erro, M. C. «Creencias y actitudes de las enfermeras de cuidados intensivos sobre el efecto que la visita abierta produce en el paciente, familia y enfermeras». *Elsevier* [artículo 142]. Disponible en https://elsevier.es/es-revista-enfermeria-intensiva-142-artículo-creencias-actitudes-las-enfermeras.cuidados-intensivos.

MedlinePlus en español [Internet]. Bethesda (MD): Biblioteca Nacional de Medicina (EE. UU.) [actualizado 15 ago. 2022]. «¿No puede dormir? Pruebe estos consejos». Disponible en https://medlineplus.gov/spanish/ency/patientinstructions/000853.htm.

MedlinePlus en español [Internet]. Bethesda (MD): Biblioteca Nacional de Medicina (EE. UU.) [actualizado 8 Jul. 2023].«Vida saludable». Disponible en: https://medlineplus.gov/spanish/ency/article/002393.htm.

National institute on Aging. «¿Es confiable la información sobre salud que se encuentra en internet?». An oficial website of the United government [revisado 31 oct. 2018]. Disponible en https://www.nia.nih.gov/espanol/informacion-sobre-salud/confiable-informacion-sobre-salud-se-encuentra-internet.

National Institute of Diabetes and digestive and Kidney Diseases. «Cómo cambiar sus hábitos para tener una mejor salud». [revisado abril 2019]. Disponible en https://www.niddk.nih.gov/health-information/información-de-la-salud/alimentación-nuitricion/.

Organización Mundial de la Salud. «WHO guidelines en physical activity and sedentary behaviour:at a glance». Disponible en https://apps.who.int/iris/bistream/handle/10665/336657/9789240015111-rng.pdf.

JUANA ARTERO ÁVILA

«EDUCACIÓN EMOCIONAL: UN CAMINO HACIA LA MEJORA DE LA SALUD, LA FELICIDAD Y LA CONVIVENCIA»

Juana nació y creció feliz en Antas (Almería, España), un pueblo precioso, cuna de la cultura argárica. Es madre de dos hijos: Sofía y Alejandro. Ejerce profesionalmente como educadora desde hace más de 25 años en un centro público de la Comunidad de Madrid.

Es también educadora, diplomada en Trabajo Social, máster en Orientación e Intervención Psicopedagógica, intérprete de lengua de signos (LSE), *chief happyness officer*, titulada en Coaching y en Neuroeducación, socia fundacional de la RIEEB (Red Internacional de Educación Emocional y Bienestar).

Su pasión por la enseñanza y el aprendizaje del bienestar y la felicidad la ha impulsado a continuar formándose y a escribir sobre el tema. Es coautora del libro *15 miradas a la felicidad*, de la editorial Almuzara. En la actualidad, está inmersa en un nuevo proyecto literario.

Puedes contactar con Juana a través de su cuenta de Instagram: @la_felicidad_se_construye.

EDUCACIÓN EMOCIONAL: UN CAMINO HACIA LA MEJORA DE LA SALUD, LA FELICIDAD Y LA CONVIVENCIA

La educación es el arma más poderosa que puedes usar para cambiar el mundo.

NELSON MANDELA

Las rápidas y profundas transformaciones tecnológicas, económicas y sociales que caracterizan el contexto social actual conllevan grandes avances en diferentes áreas de la vida, aunque también han contribuido a un alarmante deterioro de la salud mental y un incremento de los problemas de salud pública que desgraciadamente afectan a personas de todas las edades. En este marco, la educación emerge como una estrategia preventiva necesaria y urgente.

La educación es un pilar fundamental tanto para el desarrollo personal como para el desarrollo de cualquier sociedad. Históricamente, el enfoque educativo tradicional ha priorizado el aprendizaje de habilidades cognitivas académicas y técnicas, obviando o dejando en un segundo plano aspectos esenciales para el bienestar humano, como la salud integral, la educación emocional y la felicidad. A medida que se va tomando conciencia sobre la importancia de una vida saludable, equilibrada y plena, se vuelve evidente la necesidad de que la educación integre la formación para la salud y el bienestar de manera efectiva, abarcando una serie de contenidos y actividades que promuevan el desarrollo y bienestar integral del alumnado. Empoderar a los estudiantes significa también enseñarles hábitos saludables, como una alimentación equilibrada, actividad física proporcionada, descanso, higiene, prevención de enfermedades, así como alentarlos a desarrollar competencias socioemocionales que les permitan gestionar adecuadamente sus emociones, incorporar valores éticos, mantener relaciones saludables y encontrar sentido y propósito en sus vidas.

Incluir estos elementos en el sistema educativo no solo podría reducir el alarmante incremento de problemas altamente preocupantes, como la obesidad infantil, la depresión, el estrés o la ansiedad, sino que también dotaría a los estudiantes de herramientas útiles para enfrentar los inevitables desafíos y dificultades de la vida con proactividad, optimismo y flexibilidad. La salud es la base necesaria para un adecuado rendimiento académico, numerosos estudios muestran que los estudiantes que tienen una buena salud emocional tienden a rendir mejor en la escuela, parece de sentido común que una persona que no se alimenta bien, no duerme lo suficiente, no gestiona adecuadamente sus emociones o está constantemente estresada tendrá dificultades para prestar atención, concentrarse, retener información y participar activamente en clase.

Al impulsar una educación integral que priorice la salud y el bienestar, se están construyendo los cimientos de una sociedad más saludable, justa, equitativa, inclusiva y solidaria. En otras palabras, una educación capaz de contribuir a reducir potencialmente las desigualdades en todos los ámbitos, especialmente en el terreno de la salud y el bienestar, ya que el desconocimiento sobre nutrición, prevención de enfermedades, autoconocimiento y autocuidado impacta seriamente en aquellos estudiantes que provienen de entornos menos favorecidos. Incluir la educación emocional para promover la salud y el bienestar en el currículo escolar puede ayudar a cerrar en parte esta brecha y asegurar que todas las personas tengan acceso a información veraz que les permita aumentar su calidad de vida. Además, los estudios ponen de manifiesto que las personas sanas y felices se muestran con mayor predisposición al altruismo y la prosocialidad, tienen más probabilidades de contribuir al crecimiento y bienestar de su comunidad, de cuidar el medio ambiente y de promover valores de paz, inclusión y respeto hacia los demás. La experiencia demuestra que, cuando se desarrollan habilidades socioemocionales, se mejora la convivencia democrática pacífica, las relaciones dentro del entorno escolar se vuelven más respetuosas y colaborativas, se reduce la tasa de absentismo, disminuyen los conflictos y el acoso escolar, creándose una comunidad más sana, unida, compasiva y solidaria.

> *La primera riqueza es la salud.*
>
> Ralph Waldo Emerson

Por otro lado, salud y felicidad conforman un círculo virtuoso, están profundamente conectadas y se refuerzan mutuamente. Cuidar la salud física, emocional y social contribuye al bienestar y al sentimiento de felicidad, y, a su vez, mantener una actitud positiva y relaciones interpersonales auténticas y significativas ayuda a fortalecer la salud. Numerosos estudios sugieren que la felicidad puede tener un impacto real en la salud, las personas felices tienden a cuidarse mejor, a adoptar hábitos saludables y a ser más longevas. Además, parece demostrado que la felicidad tiene un efecto protector contra enfermedades crónicas, se ha relacionado con un mejor funcionamiento hormonal y cardiovascular, un sistema inmunológico fortalecido y una recuperación más rápida de enfermedades.

Educar para la salud emocional y la felicidad no significa evitar los desafíos y dificultades o crear un entorno artificialmente positivo en las escuelas, sino más bien al contrario, se trata de enseñar habilidades de vida esenciales para afrontar el fracaso, aumentar la tolerancia a la frustración, ejercitar el autocuidado, la autocompasión, el autocontrol, la gestión emocional, practicar la gratitud y establecer relaciones sociales saludables. Estas habilidades fortalecen el desempeño de necesidades psicológicas básicas: la necesidad de identidad, de seguridad, crecimiento, importancia, el sentimiento de pertenencia y el sentimiento de competencia, entre otras. Existe evidencia científica acerca de que las personas felices gozan de mayor salud, son más productivas, creativas, resilientes, empáticas y colaborativas. De acuerdo con esos datos, un sistema educativo que se ocupe de integrar la enseñanza de la salud y la felicidad sería necesario para fomentar individuos emocionalmente equilibrados y socialmente responsables.

> ***Ser feliz no significa que todo sea perfecto.***
> ***Significa que has decidido mirar más allá de las imperfecciones.***
>
> JANE AUSTEN

El reto de poner en práctica una educación inclusiva y holística debe contemplar la inserción de manera transversal de la educación emocional en el currículo educativo, ya que de esta manera se promueve la salud y el bienestar, áreas básicas de la vida que tienen un impacto profundo y duradero, tanto en los individuos como en las sociedades. Es cierto que, entre otras cuestiones, se plantean determinados desafíos, como la necesidad de capacitar a los docentes, adaptar el currículo y contar con las políticas y los recursos adecuados. La acción tutorial es un espacio idóneo para ejercer la educación emocional, aunque, desde mi punto de vista, no debe de ser el único.

Además, es necesaria la reflexión y el debate sobre los contenidos específicos y las metodologías a utilizar, por lo que se hace imprescindible abordar el tema desde una óptica científica y profesional, procurando la cooperación y colaboración entre todos los agentes implicados. La responsabilidad de crear un sistema educativo que promueva la salud, el bienestar y la felicidad no puede recaer única y exclusivamente en el entorno escolar, sino que requiere el compromiso y la participación de toda la sociedad: familias, docentes y administraciones públicas.

Para que sea realmente posible la implementación y sustentación eficaz a lo largo del tiempo de estos programas, es indispensable que se formulen políticas educativas que apuesten por la salud y el bienestar del alumnado de manera integral y, por supuesto, que sean accesibles para todos los estudiantes, independientemente de sus condiciones personales individuales y su contexto socioeconómico.

La participación de las administraciones públicas en esta tarea implica, entre otras medidas, la provisión de una adecuada inversión, la capacitación docente, la promoción de espacios y programas de salud y bienestar en diversos ámbitos, la implementación de campañas de sensibilización especializadas dirigidas a sectores específicos, así como al resto de la población. En mi opinión, es precisa la colaboración interinstitucional, las políticas públicas deben fomentar la colaboración entre diferentes entes, los Ministerios de Educación y Salud deben colaborar para implementar programas de bienestar que beneficien a toda la comunidad educativa y a la sociedad en su conjunto, lo cual implica el diseño de estrategias conjuntas para atender la salud tanto física como mental, prevenir el acoso escolar y promover la convivencia pacífica y democrática. Las políticas deben incluir mecanismos de revisión continua y procesos de evaluación que permitan adaptar y mejorar continuamente los programas de educación emocional en función de los resultados y las necesidades de toda la comunidad educativa.

En una sociedad que se enfrenta a múltiples y diversos problemas complejos, como el cambio climático, la desigualdad, la salud mental y la globalización, entre otros, la formación académica tradicional ya no es suficiente para preparar al alumnado. La capacidad de adaptarse, de trabajar en equipo, de ser resiliente y de gestionar las emociones son habilidades esenciales para enfrentar los desafíos actuales y contribuir a generar soluciones constructivas. Los programas de educación emocional son, en este sentido, una inversión efectiva tanto en el presente como para el futuro.

Las personas que desde una temprana edad aprenden e integran en su vida el cuidado de su salud y la adecuada gestión de sus emociones tienen una mayor probabilidad de aumentar su calidad de vida, su salud, su bienestar y felicidad en la adultez. Existen estudios longitudinales en los cuales ha quedado patente que los hábitos y valores adquiridos en la infancia y adolescencia son determinantes en la vida adulta, influyendo tanto en el éxito profesional como en la calidad de vida, la salud y las relaciones sociales.

> ***La salud es la justa armonía del cuerpo y el alma.***
>
> HIPÓCRATES

A medida que aumenta el reconocimiento sobre la importancia de prestar atención al bienestar emocional, físico y mental, numerosos países han tomado la iniciativa y han comenzado a implementar programas educativos innovadores orientados a la promoción de la salud y la felicidad del alumnado. Estos enfoques buscan empoderar a los estudiantes enseñándolos a desarrollar habilidades y adquirir competencias para el cuidado de su salud y de afrontamiento de los desafíos de la vida con una actitud resiliente, dinámica y flexible. Los ejemplos de éxito y buenas prácticas que se están llevando a cabo en diferentes países muestran cómo estas iniciativas están generando un impacto beneficioso tanto a nivel individual como social, ofreciéndonos modelos inspiradores, contrastados y eficaces que podemos adoptar y adaptar a las necesidades concretas y específicas de nuestros sistemas educativos.

Los ejemplos de éxito en países como Finlandia, Bután, Estados Unidos, Japón, Reino Unido, Australia y Canadá, entre otros, demuestran que incorporar la educación emocional no solo mejora el bienestar de los estudiantes, sino que también fortalece la convivencia, mejoran el ambiente educativo y la cohesión social entre todos los agentes que conforman el sistema educativo. Estos programas pioneros nos ofrecen una imagen fiel de cómo la educación puede ser una herramienta poderosa para desarrollar seres humanos sanos y felices, preparados para contribuir al desarrollo de la sociedad y dispuestos para enfrentar los retos del mundo moderno provistos con una adecuada educación que les proporcione una base sólida de autoconocimiento, autocuidado, resiliencia, y empatía. Demostrando de esta manera que la educación puede ser la llave para abrir las puertas a un mundo mejor.

Algunos de los programas educativos holísticos más destacados, desde mi punto de vista, son, en primer lugar, CASEL (Collaborative for Academic, Social and Emotional Learning), propuesto por Daniel Goleman y sus colaboradores, ya que supone la entidad de mayor relevancia y actividad en educación emocional para la salud y la felicidad a nivel mundial, expone un modelo de cinco competencias emocionales y enuncia los estándares para la educación emocional. El programa RULER (Recognize, Understand, Label, Express, Regulate), por su parte, supone también una novedosa iniciativa de educación emocional desarrollada por el Centro de Inteligencia Emocional de la Universidad de Yale, basado en la enseñanza de cinco habilidades esenciales para construir una vida saludable y feliz. De igual modo, está el programa internacional Aulas Felices, propuesto por Martin Seligman y sus colaboradores, basado en la psicología positiva, concretamente en el modelo PERMA, que estudia y promueve los factores que contribuyen a una vida plena con salud y felicidad, centrándose en las fortalezas, tomando en consideración las virtudes y enfatizando el potencial humano. La RIEEB, Red Internacional de Educación Emocional y Bienestar, que ha desarrollado diversas propuestas dirigidas tanto a educadores como a familias, con el objetivo de fomentar la educación emocional en distintos contextos, ofrece un interesante marco teórico y práctico para la implementación de la educación emocional en diversos contextos educativos y sociales.

En estos programas educativos se expresa la conveniencia de contemplar como un objetivo educativo prioritario e ineludible el desarrollo de individuos empoderados, cognitiva y emocionalmente inteligentes, física, emocional y socialmente saludables, preparados para enfrentarse al mundo con una actitud optimista y una mentalidad de crecimiento y superación. Desde estos programas se pretende que esta visión ideal del cometido de la educación sea una realidad posible de llevar a cabo a través de planteamientos diseñados rigurosa y específicamente para enseñar a los estudiantes a cuidar de su propia salud emocional; a gestionar sus emociones; a ser conscientes de sus fortalezas y sus debilidades a través del autoconocimiento; a construir relaciones sanas y nutritivas, y a encontrar dirección y propósito en sus vidas. En definitiva, a construir vidas sanas y felices. Con la puesta en marcha de estos programas ha quedado patente que incluir la educación emocional dentro del currículo escolar tiene beneficios que impactan positivamente a los estudiantes a nivel personal, a las comunidades educativas y a toda la sociedad en su conjunto.

> ***Si quieres tener una buena vida, tienes que aprender a vivirla bien. Y eso comienza con la educación.***
>
> Michelle Obama

Creo que ha llegado el momento de priorizar la salud y el bienestar en las políticas educativas, de formar a nuestros estudiantes en habilidades indispensables para la calidad de vida, en dotarlos de competencias que los preparen para los desafíos de un mundo globalizado, complejo y en constante evolución. Esta sociedad actual necesita con premura una educación que valore el bienestar y la felicidad como objetivos educativos fundamentales, y que desde la infancia prepare a los individuos para atender su salud y calidad de vida.

Para lograr este cambio de paradigma educativo, se debe asumir la responsabilidad de abogar por una educación integral, inclusiva y de calidad. Es preciso tomar consciencia de que el bienestar de los seres humanos es la base de una sociedad sana, justa, equilibrada y saludable. En mi opinión, sin bienestar, no hay salud.

En este sentido, quiero contar una experiencia personal que supuso un punto de inflexión en mi trayectoria profesional. Hace ya un tiempo, al entrar al aula, tuve una breve conversación con un alumno que supuso un antes y un después no solo en mi enfoque educativo, sino en mi vida entera. La confesión de Paco («Profe, Gabi se ha marchado porque no se siente feliz en clase») me impactó profundamente, hasta tal punto que llegué a replantearme completamente mi papel como educadora, como madre y como ser humano. ¿Acaso había algo más importante en la vida que ser feliz?

Esa confesión me impulsó a reflexionar sobre la experiencia de mis alumnos en el aula y a interesarme por la investigación sobre la felicidad. Comencé a indagar y descubrí algo desconocido e impactante para mí: existía la ciencia de la felicidad, no solo era posible enseñar a ser felices a mis alumnos, sino que, además, era una tarea absolutamente urgente y prioritaria para toda la humanidad. A medida que profundizaba en mi búsqueda, me di cuenta de que la felicidad no era un fenómeno aislado de las condiciones de salud emocional y comprendí que, en mi trabajo como educadora, debía abordar ambos aspectos, salud y felicidad, de forma integrada. Inspirándome en estudios científicos y en los modelos y programas existentes, decidí crear un programa educativo de educación emocional capaz de cultivar en mi alumnado un conjunto de competencias necesarias para poder alcanzar una vida más saludable, plena y feliz, y así nació mi programa FELICIDAD, con la propuesta de la enseñanza para la salud y la felicidad como objetivo educativo. Para su elaboración recurrí a los modelos PERMA de Martin Seligman y SPIRE de Tal Ben-Shahar; estos modelos de psicología positiva, ampliamente utilizados en educación, me proporcionaron un marco sólido para poder trabajar.

FELICIDAD responde, en mi programa, a un acrónimo en el cual cada letra representa un indicador esencial para la salud y el bienestar:

Foco de atención.
Educación emocional.
Logros.
Inteligencia Intrapersonal (Autoconocimiento, espiritualidad).
Compromiso y contribución.
Inteligencia Interpersonal (relaciones sociales, conexión).
Decisiones.
Agradecimiento.
Diversión y **d**escanso.

> ***Somos lo que hacemos repetidamente.***
>
> Aristóteles

Mi programa incluye una extensa batería de actividades y dinámicas para practicar diariamente con el objetivo de fomentar valores y hábitos saludables en el alumnado. Los valores nos guían, nos impulsan, son nuestro GPS personal; nuestros hábitos son la clave para permitirnos vivir una vida con salud y felicidad, porque, como dice el refrán, «la práctica hace al maestro».

En conclusión, salud emocional y felicidad son dos caras de la misma moneda, y como educadora siento que tengo la gran oportunidad y responsabilidad de poder ofrecer a mis alumnos mucho más que conocimientos académicos. El bienestar requiere aprendizaje y práctica; es necesario brindarles herramientas que les capaciten para vivir una vida plena, saludable y feliz, una buena vida que merezca la pena ser vivida.

Creo que la educación debe de contemplar a las personas de manera integral y que es urgente la inclusión de la educación emocional en las escuelas y en las familias, pues la emoción es el motor de la acción y, sin emoción, no hay aprendizaje. Además, como dice el Dr. Rafael Bisquerra, «la educación emocional promueve climas emocionales favorables para el aprendizaje, la convivencia y el bienestar social».

Ojalá la salud y la felicidad sean los nuevos pilares en los que se asiente la educación. Al menos, yo trabajo con la ilusión y la esperanza de que así sea. Porque la ciencia ha demostrado que la felicidad se construye.

> ***La felicidad no es una estación a la que se llega,***
> ***sino una manera de viajar.***
>
> MARGARET LEE RUNBECK

J. C. DECODES

«EDUCANDO EN SALUD»

Juan Carlos nació en Valencia, España. Pasó toda su infancia en una pequeña localidad de la provincia de Cuenca llamada Landete. Desde hace nueve años, se dedica profesionalmente a la enseñanza en la etapa de educación primaria. Su inquietud y ganas de crecer profesionalmente lo han llevado a formar parte de cargos directivos dentro de la escuela rural en la provincia de Castellón, así como en diferentes proyectos formativos dentro de la enseñanza.

En 2024 decide adentrarse en una de sus pasiones y tareas pendientes desde hace años: la escritura. Ha participado en dos concursos de relatos cortos y cuentos, y actualmente se encuentra inmerso en la creación de su primera novela, así como de dos libros de ensayos colaborativos.

EDUCANDO EN SALUD

No puede haber educación sin salud,
ni salud sin educación.

Anónimo

El ritmo de vida apabullante y frenético de la sociedad actual está modificando nuestros hábitos de vida, generando un impacto significativo tanto en la salud como en los hábitos saludables de las personas. Es por ello que, a lo largo de los últimos años, la educación para la salud ha tomado especial relevancia.

¿Qué entendemos por «educación para la salud»?

La educación para la salud constituye una herramienta esencial tanto para la prevención de determinadas enfermedades (físicas, mentales-emocionales o sociales) como para su curación o rehabilitación. Además, es importante destacar la importancia de promocionar la salud, lo que supone desarrollar y programar todo un conglomerado de experiencias que contribuyen a inculcar, en las personas de todas las edades, hábitos, actitudes y conocimientos que favorezcan y promuevan la salud individual, familiar y colectiva.

¿Qué agentes deben encargarse de ello?

En primer lugar, las políticas sanitarias. En segundo lugar, los servicios sanitarios. Por supuesto, hay que destacar el papel de la familia, núcleo principal de socialización y transmisión de valores para los niños. Por último, los centros educativos.

La escuela es, por numerosas razones, uno de los mejores escenarios para la promoción de la salud. Es el espacio físico donde se materializa el aprendizaje de las diferentes teorías y áreas del conocimiento. Niños y niñas de edades muy variadas conviven y permanecen en los centros escolares muchas horas diarias, en una etapa como la infancia, donde los comportamientos relacionados con hábitos saludables son más sencillos de adquirir.

Además, las actuales leyes educativas de nuestro país pretenden facilitar un enfoque transversal de las competencias en salud, lo que incrementa la necesidad y el interés por parte de los profesionales en educación en formarnos e incorporar contenidos y programas saludables en nuestras prácticas educativas.

Bajo este respaldo, tanto normativo como socioeducativo, ¿podemos afirmar que la educación y promoción en salud está instaurada y en funcionamiento en los centros educativos y, en consecuencia, nos encontramos ante una generación de niños y niñas que tienen adquiridos hábitos saludables? Es cierto que existe un avance y la promoción de la salud se está implementando en los centros educativos, pero la realidad socioeducativa nos marca que queda mucho camino por recorrer.

SALUD FÍSICA

Julián se despierta media hora antes de ir al cole. Esta noche no ha dormido bien, como viene ocurriendo desde hace unas semanas, siente como que no puede respirar. Su mamá ya está trabajando desde hace dos horas, y su papá llegará en quince minutos del turno de noche de la fábrica.

Se viste deprisa y apenas desayuna. Su papá está a punto de llegar para llevarlo al cole. Coge un zumo multifrutas y unas galletas para almorzar, y las guarda en la mochila. De camino al cole, le pregunta a su papá por qué no pueden ir caminando al cole, como el resto de sus compañeros, tan solo son diez minutos. Pero su padre le asegura que no tiene tiempo para caminar; después de dejarlo, deberá ir a ayudar a su tío a la tienda, como hace habitualmente cuando se acerca el fin de mes.

A Julián, una vez acabada la mañana en el cole, le gustaría quedarse en el comedor con sus compañeros, pero mamá le dejó claro que ahora mismo no podían permitirse ese gasto.

Su hermano Pedro, de 16 años, se encarga de darle de comer en casa. Generalmente, comen táperes que preparan sus padres los fines de semana. También cocinan boles de tallarines precocinados o *pizzas* del súper.

Mientras comen, su hermano pone vídeos de su *youtuber* favorita, una experta en videojuegos, la cual también se ha convertido en la preferida de Julián. Pasada una hora, Julián vuelve al colegio, está cansado y tiene sueño.

Al acabar el cole, sus compañeros suelen quedarse en el parque un par de días a la semana. Julián le pregunta a su hermano si puede ir, pero él le comenta que tiene mejores cosas que hacer que ir al parque. El resto de los días acuden a extraescolares. Este año son especialmente divertidas unas clases de multideporte. A Julián le encantaría ir, pero obtiene la misma respuesta de sus padres: «Cariño, no nos lo podemos permitir».

Una vez llega a casa, Julián hace los deberes, merienda un buen bocadillo, una bolsa de aperitivos y un refresco, juega con la *tablet* y disfruta de su serie favorita hasta que llega mamá.

A Julián le gustaría pasar más ratos con su mamá y su papá. Los disfruta los fines de semana, pero entre semana es complicado, pues trabajan mucho y se les ve cansados, tristes y, en ocasiones, enfadados.

Hoy les cuenta a sus padres, mientras preparan la cena, que su maestro le ha vuelto a recordar que no ve bien y le cuesta leer. Su amiga Lucía ha ido al oculista y, desde que le han puesto gafas, va mucho más a gusto a la escuela. Papá le dice que el mes que viene, sin falta, cogerán cita.

Cenan los cuatro y ven la televisión, hasta que uno tras otro van cediendo al sueño en su sofá.

Julián tiene nueve años, pesa más de sesenta kilos.

* * *

- ESTUDIO ALADINO: «Más de un tercio de la población infantil de entre 6 y 9 años tiene sobrepeso u obesidad. En concreto, el 36,1 %».
- SERMEF: «El 70 % de los niños y adolescentes españoles no hacen la cantidad mínima de ejercicio recomendada

por la Organización Mundial de la Salud, por lo que se les pueden considerar sedentarios».
- PASOS: «Prácticamente, un 30 % de los niños consume comida rápida de 2 a 4 días por semana. Alrededor de un 31 % afirma consumir productos de bollería/pastelería industrial y golosinas/chocolatinas más de 5 días a la semana».
- IHP PEDIATRIA: «En España, el 80 % de los niños consumen contenidos de televisión y el 36 % consume vídeos de internet a diario».

Ante este aluvión de datos y estadísticas, ¿qué podemos hacer? Muchos somos los agentes que debemos encargarnos de la promoción de la salud, como comentamos anteriormente. Pero somos dos de ellos los que ejercemos una influencia significativa sobre la infancia: la escuela y la familia.

Es por ello que, tal vez, debamos analizar, reflexionar, preguntarnos y tomar decisiones sobre cómo y de qué manera estamos educando y promocionando la salud física de nuestros niños:

- ¿Realizan la suficiente actividad física diaria recomendada para su edad?
- ¿Escuchamos sus necesidades y sus gustos a la hora de elegir sus actividades físico-deportivas?
- ¿Disfrutan y socializan en dicha práctica de actividad física?
- ¿Pasan demasiado tiempo sentados delante de las pantallas? ¿Controlamos o equilibramos su tiempo de uso?
- ¿Les proporcionamos una dieta variada y saludable?
- ¿Evitamos el consumo de bebidas y productos azucarados y procesados?
- ¿Aprovechamos situaciones de la vida cotidiana para realizar y compartir momentos lúdicos y de actividad con ellos?

Son múltiples los beneficios de realizar actividad física en la infancia, destacando, entre otras:

- Mejora de las relaciones sociales.
- Disminución de hábitos perjudiciales.

- Reducción de alteraciones del comportamiento y del sueño.
- Prevención de la obesidad o de enfermedades cardiacas.
- Mejora de la responsabilidad y del desempeño académico.

No debemos olvidar que los adultos somos el principal referente y modelo para los niños. Si somos personas físicamente activas, es más sencillo que ellos también lo sean. Un niño físicamente activo tiene muchas probabilidades de convertirse en un adulto físicamente activo.

SALUD MENTAL-EMOCIONAL

Son las 10 de la noche de un jueves cualquiera y, como cada día, Adriana está exhausta en su habitación. Acaba de cenar y le gustaría descansar, le gustaría disfrutar de un momento con sus padres, de un ratito de juego, de conversación, etc. Pero sus obligaciones escolares la esperan. Mañana tiene examen de Conocimiento del Medio, y las últimas notas (notables altos la mayoría) no cumplen las exigencias de sus padres. Mientras lee y relee varias páginas del libro, no para de reflexionar y de pensar cómo ha ido su semana, lo que le espera los próximos meses, cómo funciona su vida…

Adriana comienza su día a las siete de la mañana, desayuna en familia. Desde hace unos meses cumplen todos con una dieta estricta que la nutricionista deportiva del club de gimnasia artística les ha recomendado. Su mamá y su papá se han comprometido a realizarla con ella. Son conscientes de que la alimentación saludable la ayudará a seguir cumpliendo los objetivos deportivos.

Tras el desayuno, comienza la jornada laboral. Su madre y su padre permanecerán en sus trabajos ocho horas. Adriana comienza su jornada en el cole a las 8:00 de la mañana, y la finalizará a las 16:30.

Nada más salir, una merienda rápida y clases de Inglés de una hora y media. Inmediatamente finalizadas las clases de Inglés, su papá la recoge a toda prisa para llevarla al entrenamiento de gimnasia artística. Dos tardes cambiará el inglés por la música, donde la profesora de violín habla maravillas de ella.

A Adriana le gustaría tener alguna tarde libre y no ir corriendo a todos los sitios. Lo ha conversado con sus padres y les ha pedido poder descansar alguna tarde e ir con sus compañeros a dar una vuelta. Ellos afirman que tiene mucho talento en todo lo que hace, en los estudios, en el deporte y en la música, que esperan mucho de ella, y que están haciendo un esfuerzo tremendo para que llegue muy lejos.

Al llegar a casa, mientras cenan estrictamente lo que la nutricionista ha programado, Adriana comunica su nueva nota en el examen de Inglés de la semana pasada, un notable. Se produce una discusión con sus padres. No puede seguir así, están esforzándose mucho para que sea la mejor en lengua extranjera y darle un futuro prometedor, y debe esforzarse más, ya que es su último año de cole.

Volviendo a su habitación, pasando páginas del libro, no consigue concentrarse ni estudiar para el examen de mañana.

Piensa que el violín no entraba en sus planes, tal vez ni siquiera la música, pero a su mamá le encantaría que entrara con ella en la orquesta. Reflexiona sobre el esfuerzo que realiza en gimnasia, si le merece la pena. Pero su papá fue un gran gimnasta, y no le gustaría decepcionarlo. Le encantaría poder disfrutar del parque con sus amigos y amigas, merendar los fines de semana con ellos y dar vueltas de aquí para allá, ser una más y no ser el ejemplo de nada ni nadie, como le ocurre en el colegio. Odia ser admirada por sus logros y no por ser Adriana.

Como cada noche, comienza a llorar a solas en su habitación y a notar ese dolorcito en el pecho que hace que le cueste respirar.

Adriana tiene doce años.

* * *

Los datos sobre salud mental de niños y adolescentes de la Organización Mundial de la Salud (OMS) muestran que el 50 % de los trastornos mentales empieza a los 14 años o antes. Los trastornos mentales representan el 16 % de las enfermedades en edades comprendidas entre los 10 y 19 años. En los últimos 15 años, los investigadores han planteado estadísticas cada vez más alarmantes sobre el aumento de las enfermedades mentales. Algunos autores plantean que 1 de cada 5 niños tiene problemas de salud mental.

Se ha notado un aumento del 43 % del TDAH, 37 % de la depresión en adolescentes, además de un aumento de la tasa de suicidios en niños de 10 a 14 años.

Mayo Clinic expone los trastornos de salud mental más comunes en la infancia: trastornos de ansiedad, trastorno por déficit de atención e hiperactividad, trastorno del espectro autista, trastornos alimentarios, depresión y otros trastornos del estado de ánimo, trastorno por estrés postraumático y esquizofrenia.

La infancia es la etapa fundamental donde se construyen los cimientos de la salud mental de un ser humano. Es el periodo clave de desarrollo del cerebro y la formación de conexiones neuronales. Así, todas las situaciones y experiencias que los niños vivan impactarán en su desarrollo y funciones cerebrales.

Esto supone que aquello que los niños experimentan en su edad temprana no solo influirá en el momento presente, sino que también lo hará en su futuro, cuando se conviertan en personas adultas. De hecho, aquellos niños que han vivido experiencias traumáticas o difíciles a lo largo de su infancia son más propensos a desarrollar, en su edad adulta, problemas de salud mental.

Por último, no debemos olvidar que una buena salud emocional permite a los niños:

- Desarrollar su autoestima.
- Resolver conflictos de manera efectiva.
- Tener la habilidad para manejar el estrés y las emociones, evitando problemas como la ansiedad o la depresión.
- Ser capaces de formar relaciones saludables y tener éxito en la escuela y en la vida.

SALUD SOCIAL

Aitor se encuentra en el despacho de dirección de la escuela. No es la primera vez este mes que es enviado allí. De nuevo, ha agredido física y verbalmente a un compañero. No es un compañero cualquiera, se trata de su hermanastro, el cual se encuentra sentado a su lado, esperando a tener una conversación con la directora y su familia.

Aitor es un habitante de un nuevo pueblo, el tercero ya a su corta edad, y un alumno de un nuevo colegio.

Su mamá conoció a su pareja el verano pasado, y decidió que se mudarían al pueblo de este cuando iniciara el curso escolar en septiembre. Su hermana se quedó con su padre, lo que provocó un dolor tremendo en ambos. Para él, ella siempre ha sido su salvación en casa de gritos, discusiones e insultos. Para ella, él siempre ha sido su refugio de cariño y amor. Pero la decisión estaba tomada.

En su nueva vida, Aitor va a tener una nueva familia. Su mamá está contenta e intenta transmitirle esa alegría. Además, no solo va a tener una hermana mayor en su nuevo hogar, Paula, sino también un hermano de su misma edad, Lucas.

Lo que en principio parece una situación idílica para él, pronto se convierte en una auténtica pesadilla.

Su nueva hermana les llama «los mantenidos», tanto a su madre como a él. Pero vigila no hacerlo delante de su papá. Cuando están a solas los tres en casa, tanto Paula como Lucas se encargan de hacerle la vida imposible, le quitan la merienda, le encierran en el trastero, le insultan, le hacen llorar, etc.

En cuanto a su nuevo papá, generalmente es más cariñoso con él. No obstante, hay días que ha llegado tarde a casa, por las noches, y Aitor, que no duerme bien en la nueva habitación que comparte con Lucas, ha escuchado cómo gritaba a su madre y le rogaba que parara, sin saber muy bien qué estaba ocurriendo.

En la escuela no parece que vayan mejor las cosas. Lucas se ha convertido en su sombra y, en cuanto Aitor conoce algún nuevo amigo o amiga, ya se encarga él, a través de diferentes maneras, de hacerle sentir un apestado o un marginado. Siempre que intenta conocer nuevos compañeros, de repente se alejan de él, sin saber muy bien por qué.

Hoy es el tercer día que pasa por el despacho, es la tercera vez que agrede a alguien, esta vez ha sido más grave. No podía más, ha explotado, ha sacado su rabia y su ira, y ha golpeado sin cesar a Lucas.

Aitor tiene siete años.

* * *

La revista española *Pediatría Atención Primaria* publicó en el año 2023 un estudio sobre la frecuencia de los problemas sociales que podían llegar a afectar a la población infantil. En dicho estudio, los más frecuentes provienen del entorno escolar, del entorno familiar y de las separaciones conflictivas de los padres (50-60 %). Por otro lado, los referidos a violencia entre familiares o a adicciones de los progenitores son considerados menos frecuentes. Dichos problemas sociales afectan a la salud de los niños, en cuanto a que pueden provocar consecuencias en su desarrollo integral, así como aumentar las patologías existentes o disminuir el rendimiento escolar, entre otros.

Es importante que tanto educadores como familiares tengamos la capacidad de abordar dichos problemas sociales considerados más frecuentes (problemas familiares, entre compañeros del colegio, separaciones conflictivas, etc.), con el fin de disminuir las graves consecuencias que pueden provocar en los niños, tanto en su edad infantil como en su futura edad adulta, ya que la mayoría de problemas sociales más graves (relacionados con la violencia, el maltrato, las adicciones…) suelen estar precedidos de los anteriores. Por último, es importante remarcar que los seres humanos somos criaturas sociales. Los niños deben tener relaciones y conexiones para una adecuada salud, donde aprendan a interactuar y crear relaciones significativas y sanas con los demás. Los estudios muestran que las relaciones sociales, tanto en calidad como en cantidad, tienen un impacto considerable en nuestra salud mental y física, tanto a corto como a largo plazo.

LA PARADOJA DE LAS PANTALLAS

«La paradoja de Silicon Valley: Ejecutivos tecnológicos eligen educar a sus hijos en colegios “desconectados”». Lo que se acaba de mostrar es un titular de un artículo del periódico chileno *La Tercera*. El primer párrafo de dicho artículo expone lo siguiente:

> En Silicon Valley, al sur de San Francisco, en Estados Unidos, están las empresas más importantes e innovadoras de la industria tecnológica, como Google, Apple, Microsoft y Netflix. Y dentro de

> los más de 200.000 trabajadores de esta zona, existe una tendencia que no deja de sorprender: a la hora de elegir dónde educar a sus hijos, son muchos los que optan por colegios libres de conexión tecnológica. Parece paradójico. Los impulsores del mundo digital alejan de él a sus hijos. Lo consideran un riesgo para su educación.

¿No da que pensar? Los mismos creadores y gurús tecnológicos huyen de sus creaciones exitosas para educar o formar a sus hijos e hijas. Considero que, por su relevancia tanto a nivel socioeducativo como por sus implicaciones en la salud, tanto física como mental y social, el uso de pantallas debía tener un apartado dentro del capítulo.

¿Cómo afectan las pantallas a la salud de los niños?

Recientemente, varios pedagogos de la editorial Rubio han expuesto los siete efectos más frecuentes del uso abusivo de las tecnologías en la infancia:

- Disminución de la capacidad de concentración.
- Necesidad de gratificación instantánea.
- Dificultad para desarrollar habilidades de espera y aburrimiento.
- Riesgo de desarrollar trastornos mentales o conductuales.
- Dificultades en el desarrollo psicomotor y cognitivo.
- Aislamiento y dependencia.
- Desconexión con la realidad y el entorno.

Tanto personal como profesionalmente, no considero ni pretendo desterrar el uso de pantallas y de tecnologías, pero es evidente que, en la sociedad actual, debemos replantearnos cómo las estamos utilizando y fomentando en la infancia. La tecnología, fundada dentro de una metodología y objetivos establecidos, puede ser provechosa y positiva.

Podría decirse que la solución no está en la prohibición, pero sí tal vez en el equilibrio.

LA IMPORTANCIA DEL EQUILIBRIO

Una vez analizados los tres niveles de la salud infantil (física, mental-emocional y social), queda clara y patente la importancia de cada uno de ellos. De hecho, podemos afirmar que los tres niveles se complementan. Cuando aparecen carencias en uno de ellos, suelen mostrarse en otro. Incluso las causas de un problema de salud en uno pueden ser las consecuencias del otro. No se trata de adquirir un nivel de salud óptimo en sus tres niveles, pero sí de mantener un equilibrio para que, si alguno falla, no caigamos en picado.

Promocionar la salud es fundamental, tanto para fomentar la calidad de vida de la persona individual como por garantizar la supervivencia de la especie humana. Y es ahí donde se hace patente la importancia de la salud en la infancia. Sin una potente salud infantil, no tenemos garantía de la supervivencia de la especie.

Bibliografía

De la Torre Quiralte, M. L. L.; Jiménez Alés, R.; Páez González, R.; Boukichou Abdelkader, N.; Gancedo Baranda, A., y Poch Olivé M. L. (2023). «Problemas sociales: mucha frecuencia, poca formación». *Revista de Pediatría de Atención Primaria*, 25; pp. 389-98.

F. Cores, Nani (2023). «Los siete efectos más frecuentes que las pantallas tienen en el desarrollo de los niños». *20minutos*.

Fernández Segura, M. E. (2017). «Salud en la escuela». *Form Act Pediatr Aten Prim*, 10; pp. 198-204.

Healthy Children (2020). «Haga de la actividad física un modo de vida». Disponible en healthychildren.org.

Invanet (2021). *Salud mental y emocional infantil*. Instituto Valenciano de Neurología Pediátrica.

JOSÉ RAMÓN PARDO CONGEL

«Experiencias cercanas a la vida»

Nacido en Valencia en 1967, reside en Madrid desde hace más de veinticinco años. Es abogado y asesor contable, especializado en la jurisdicción laboral y con amplia experiencia en la reclamación de prestaciones de incapacidad permanente frente a la Seguridad Social.

Como escritor, ha autopublicado dos poemarios: *Una pica en Glandes* y *Escarlata desatada*; este último, presentado y promocionado en la Feria del Libro de Madrid de 2019. Ha participado, entre otros, en las antologías de relatos *El caminar de sol* y *Placeres ocultos* (editorial Palabra Herida) y en las colecciones de terror *La venganza de Caperucita* y *Víctimas de Halloween III* (editorial Diversidad Literaria). Actualmente, se encuentra en la preparación de varios proyectos colaborativos que abarcan el ensayo y diversos géneros literarios.

EXPERIENCIAS CERCANAS A LA VIDA

Crónicas del resplandor

PREÁMBULO

La primera vez que me topé con la idea del «resplandor», Stephen King aparte, fue en el conocido ensayo sobre la inteligencia emocional de Daniel Goleman[1], en el que relataba un incidente en el metro y la providencial intervención de un viajero solucionando el conflicto con su presencia y una dulce mesura en su hábil comunicación. Lo que pudo ser un lance violento y desgraciado acabó en un sereno apaciguamiento.

No todo en la vida son emociones, por supuesto. El equilibrio en esta cuestión no puede olvidar la raíz pragmática de casi todos los problemas. El fontanero puede ser un encanto, pero solo nos va a tranquilizar de verdad si sabe usar la llave inglesa. Sin embargo, me interesaba reflexionar sobre este potencial de ciertos elegidos. A veces, el problema no tiene solución. Se trata entonces de cómo convivir con él. A veces, tenemos preocupaciones excesivas o incluso abatimientos profundos. Si dejamos que nos corroan,

1 *Inteligencia emocional*, Daniel Goleman, edición de 1996, Kairós.

nuestro sistema inmunitario se va al traste. De un modo intuitivo, los hombres recurren a la terapia de las cañitas. Las mujeres, a las confidencias exhaustivas.

En los últimos años de la vida, la cercanía del tránsito hace inevitable la soledad y la nostalgia lacerante. Las dolencias se hacen crónicas. Las enfermedades no matan, pero se aglutinan, latentes, perversas, dejando que todo se derrumbe poco a poco. La consciencia longeva conduce a la depresión. Y lo contrario, la aniquilación de la memoria, al vacío absoluto. Este ensayo novelado, basado en hechos reales, consta de dos relatos. En ellos hablo de los pálpitos de la resistencia. Del brillo de la emanación vibrante que sostiene la vida. Y de quienes son capaces de expandirla cuando ya todo pende de un hilo.

UN COTIDIANO MILAGRO CATÓDICO

Petra tiene noventa años, no sale de casa y su vida es un devenir de quietud distraída en una vieja mecedora, antes rincón sagrado de su marido. De vez en cuando, impulsada por resortes misteriosos, se levanta, deambula por el largo pasillo y lo recorre varias veces, yendo y viniendo con pasos lentos y ligeramente arrastrados.

En sus mejores tiempos, el tiempo de esos benéficos paseos estaba coordinado con la duración del rezo del rosario, cuyas cuentas sostenía en sus manos huesudas y fuertes, apretándolas con fuerza para no perder el hilo de las oraciones. Sin duda, las buenas plegarias demandan una actitud de adoración, pero hay también algo poderoso en el murmullo monocorde del rezo disciplinario. Uno se puede aburrir en el gimnasio, pero las series consumadas fortalecen de igual modo. El rosario es la gimnasia del alma.

Algo de esa fe tradicional, sustentada en ritos sencillos, apuntalaba el interior confuso y herido de Petra. Ahora es todo peor por culpa de Mr. Alzheimer. Aunque no es posible saber si sucede un milagro cotidiano y, de entre la oscura niebla de la memoria devastada, una iluminación profunda le permite seguir la literalidad de las palabras del rezo, el tic subsiste en ella, que toca con sus dedos inquietos el rosario que guarda en el bolsillo de su batín. Y, al hacerlo, un leve temblor de sus labios boquiabiertos delata la intención de pronunciar devotamente los avemarías.

Petra convive con tres de sus hijos solteros, dos mujeres y un varón. Su hija más pequeña trabaja por las mañanas. La mayor está en casa todo el tiempo, salvo para las compras y la misa del fin de semana. El varón está jubilado. Tiene suerte Petra. No está perdida en los cuidados atentos pero asépticos de una residencia. Algo bueno tenía la época que le tocó vivir, que comenzó con la penuria del principio del siglo, la guerra civil y la obligada contribución de su naturaleza al suministro prolífico de hijos. Su ancianidad llega a los ochenta del siglo pasado, con una viudedad aliviadora y el cuidado atento de los hijos que no volaron. Incluso su misterioso y misántropo Anselmo, con su carácter huraño, reconcentrado, propenso al encierro, al monosílabo hiriente y al exabrupto, cuida de ella con una severa delicadeza.

Las moradas del alma. Todo se cuece allí, bien adentro, ya lo intuyó santa Teresa. La identidad escarba y, en la última instancia, si uno es capaz de arribar a ella, palpita la partícula de Dios. Las personas introvertidas no odian el mundo, simplemente se apartan. Tienen poderosas razones para ello. Petra es lo que es como consecuencia de una confluencia diseñada por la Fuente.

Siendo pequeña, se derramó sobre su rostro un caldero hirviente. Un accidente, solo que ya sabemos que nada es accidente. Sus años juveniles, lastrados por la delatora marca oscura, determinaron su actitud huidiza, su complejo doloroso y callado. La alegre banalidad de los primeros amoríos quedó vedada para ella. Sin embargo, la vida sale adelante por sí sola. Su timidez prudente fue la semilla de un carácter reservado y digno que se fue conformando por la aceptación del rechazo romántico, pero también por la fiabilidad de las interacciones ajenas. Quien la pretendía lo era por causas nobles. Aceptaban su rostro malherido porque había una serena belleza bajo la corteza. No interesaba a los gañanes, solo a los señores.

Tras una discreta confabulación familiar, le buscaron un apaño. Había un militar viudo con tres hijos que necesitaba una mujer. Así era el poderoso patriarcado, nada más desolador que un hombre descabezado sin el cimiento femenino. A Petra le cuadró el plan. Había que salir del encierro. Salió de G, su pueblo de la Rioja, donde las legumbres crecían entre pedruscos, y vivió sus primeros años de casada en la cosmopolita Zaragoza.

Comenzó a sentir a su alrededor el recelo siniestro de las habladurías sociales, que abraza en cada época sus propias murmuraciones puritanas. Era la «segunda», una especie de usurpadora. Petra palpaba esa perversidad y se protegía con más retraimiento. Los hijos vinieron en cascada. A los tres de su Felipe con la primera mujer, se unieron los de ella misma, nada menos que cuatro. Hagamos cuentas. Siete criaturas y Felipe a la guerra. Los días de la batalla del Ebro iluminaron la ciudad con la sombra de la muerte y el miedo. Después, un traslado a Valencia. El paraíso donde los aragoneses pobres abandonaban a sus hijos distrayéndolos con la cotorra del Mercat[2]. Resulta que la fama de la «cálida» ciudad era una impostura. En los inviernos había heladas húmedas y terribles. Petra profundizó en su interioridad anímica y social. Hacía comidas, se peleaba con la prole y los atendía cuando enfermaban. Eran años de posguerra, sabañones y tos ferina. Ajeno a las tribulaciones domésticas, Felipe, estabilizado con el final de la guerra civil, miembro del bando vencedor, con heridas bélicas en la memoria (Marruecos, el frente), se había convertido en un oficial estable y bonachón que se aburría en el cuartel y se apiadaba de las tribulaciones de los reclutas a los que a veces invitaba a casa para disgusto de Petra, que pagaba la caridad de su marido con el sobreesfuerzo de una ración más.

Tuvo suerte Petra, insisto. Casada con un militar, ahí es nada. Sí, muchos hijos, pero entonces era lo normal. Vivía en un piso de renta antigua del barrio de S. Jamás tendría una propiedad, pero el techo no le faltaba. Eran muchas bocas y poca comida, pero tiraban

2 En su novela *Arroz y tartana*, Vicente Blasco Ibáñez recrea la leyenda valenciana del pobre inmigrante maño que trae a su pequeño a la bulliciosa y «rica» Valencia. Le señala la cotorra del Mercat, una veleta, que representa esta ave, en lo alto del Mercado Central. Aprovechando que la criatura se queda absorta, el padre huye entre la multitud y deja al niño abandonado con la esperanza de que alguien advierta su desamparo y lo adopte en el seno de su familia. Durante mucho tiempo, la huértana y feraz Valencia representaba una esperanza de vida mejor para las gentes del interior de la península. Este tránsito de niños era real. La serie de televisión basada en la novela escenifica esta leyenda. La escena es sobrecogedora.

con el sueldo de su marido. Mucho más que tantos desgraciados parios de la posguerra. No podía quejarse. Es más, estaba educada para no quejarse. Felipe, en cualquier caso, era una buena persona.

Una buena persona que bebía. El perezoso ambiente del cuartel, con sus traguitos en la cantina, a los que la sociabilidad obligaba, fue el comienzo de la caída definitiva, traicionera, diabólica. El lado amable y desinhibido del alcohol moderado se torció más adelante en una deriva perturbadora. Petra no sufrió los tristes efectos de una iracundia áspera y desconsiderada que no provenía del natural bonachón de su marido, sino del demonio visceral y bobalicón que lo dominaba ferozmente en aquellos lances. Por las noches, atontado por la química y el deseo, él la pretendía en la cama. Una de las hijas, heredera de las tormentas interiores de su madre, los oía.

—Déjame, Felipe, déjame.

Pudo expandirse Petra tras la muerte de su esposo, pero ya era demasiado tarde. Acostumbrada a resguardarse primero de sus propios complejos y después de las estupideces ajenas, sometida a la resistencia eterna y al debido respeto conyugal, atada en cualquier caso a las apabullantes obligaciones domésticas y a la moralidad de su época, su propio natural comedido y hogareño le hizo acostumbrarse, ya en su vejez, a la inercia de una vida sencilla, encerrada en los límites materiales de su propia casa y en los espirituales de su propio caparazón.

Entonces los sentidos se confabularon, como si el designio de las fuerzas del universo consistiera en convertir a Petra en un ser solitario y doliente. Fue perdiendo oído hasta necesitar un aparato con que poder atisbar el amago de las conversaciones, y sus ojos sucumbieron a la llegada de las inevitables cataratas. Le dio miedo operarse, tenía predisposición a resignarse y prefería asumir unas inevitables consecuencias antes que unos potenciales riesgos. Desayunando, un día confundió el bote de la mermelada con el del pimentón, y sus hijos decidieron poco a poco supervisar sus tareas. Apacible y bondadosa, admitió pacíficamente su nueva condición: la de dejarse querer. Aislada de los matices de las palabras y de la nitidez de los objetos, Petra se convirtió en una abuelita entrañable, calladita, levemente abstraída. Se notaba en ella que rumiaba hacia sus adentros, que se entregaba a sus propios diálogos internos, una confusa mezcla de nostalgia, evocación y cuestionamiento.

Antes de la definitiva corrosión de su memoria, incluso su percepción de la realidad se hizo más intensa. Los sentidos no le hacían llegar la información, pero tampoco los engaños inherentes. Los datos cercenados por su aislamiento sensorial encontraron otra vía de absorción: el conocimiento intuitivo del entorno, reforzado por su sabiduría de vieja. En más de una ocasión intervino, apaciguadora, en las pavorosas peleas familiares entre su hija y uno de sus nietos.

Sin embargo, por fin llegó la burla cruel del olvido absoluto. Empezaron los despistes, la repetición cómica y triste de las mismas preguntas, la incapacidad para hablar, la falta de reconocimiento de sus seres más queridos. Petra se contraía, se diluía, se iba muriendo poco a poco. En el límite fronterizo de la postración definitiva, aún le llegan los ecos de las poderosas rutinas. Petra se comporta como una niña perdida, cabizbaja y triste, pero por las tardes, cuando de manera milagrosa intuye que ha llegado la hora, hace el amago de encender la televisión, un viejo aparato en blanco y negro que tarda en arrancar y toma la corriente de un transformador que convierte la potencia de la red en la que asimila el dispositivo. Aunque no se aclara, alguno de sus hijos la ayuda a encenderlo.

El programa se llama *El show de Joan Monleón*, y su momento estrella es un pequeño concurso que se llama *La paella rusa*. En la pared del estudio hay colgada una representación de una paella de gran tamaño con los ingredientes clásicos del plato valenciano: el *garrofó*, la *clóchina*, la gamba... El concursante ha de elegir uno de ellos. El presentador impulsa la paella, que gira dando varias vueltas. Hay premio si el indicador, una pequeña resistencia en el círculo del dispositivo, se para en el ingrediente elegido. Petra ya ni siquiera comprende el suspense del divertido desafío. Le fascina como a un niño el movimiento giratorio de la paella-ruleta y la música juguetona, pero, sobre todo, la conducción cariñosa y afectuosa del *showman*, un hombre grandullón y carismático que convierte su leve amaneramiento en una especie de serena dulzura. En Valencia se sabe que las abuelitas lo adoran.

Un gozo inefable se dibuja en el rostro de Petra, que ríe y se convulsiona. Durante unos instantes de fulgor, vuelve a la vida. Pletórica, conectada, redimida.

JARABE DE PALIQUE (LA MEDICINA ALTERNATIVA DE LA MEDICINA NO ALTERNATIVA)

Emilia es brava y castellana. No participa, sin embargo, del carácter ligeramente abrupto de las gentes del interior. Tiene un punto bullanguero que armoniza con el carácter festero de Valencia. Aún encuentra amigas con quienes acudir al cine de la avenida del Oeste. Vive a caballo entre su propia casa, donde pasa el día, y las de sus hijos, donde duerme durante turnos mensuales. Es pequeñita, dinámica, vital, y ríe con facilidad. Hay en ella mucho del simpático orgullo del luchador, la confianza alegre del superviviente.

Del recuerdo de su infancia huérfana ha borrado el tenebroso motivo de la huida, como si no fuera parte de ella misma. De aquella época guarda una borrosa nostalgia y el pequeño trauma del pavor a las culebras, que la acechaban cuando bajaba al río a lavar la ropa. El gran trauma, como si no existiera. Como si su propia mente la hubiera protegido con la memoria de una pequeña fruslería para tapar el recuerdo de la verdadera sombra. No todos tienen esa suerte. Otros arrastran el dolor durante toda su vida. Cuánto nos queda por saber… El alma, el pensamiento, el espíritu, el instinto, el ánimo, la luz y la penumbra. Dónde empiezan y acaban las poderosas influencias de estas fuerzas intangibles. Quién de ellas se lleva el gato al agua.

A Emilia le ha llovido mucho (riada de 1957, por ejemplo, perdonen el chiste fácil). En su larga y aguerrida semblanza, años de trabajo duro, un buen matrimonio con un buen hombre, tres hijos y un niño muerto de meningitis con cuatro años. Eso sí que no puede olvidarse, qué más puede dañar que semejante desgarro.

Los abundantes años de zozobra (el paro, un desahucio, cosillas así) culminaron con sus hijas bien casadas y su hijo varón, un auténtico héroe, entrando en el banco cuando iba para pícaro del mercadillo. Hay también un momento de gloria cuando, trabajando de limpiadora en el consulado, se dirigió a ella preguntando no sé qué la mismísima y divina Greta Garbo, que se había dejado caer por allí.

Ahora está rozando casi los noventa años. Ya es viuda desde hace décadas y conserva la vitalidad de una mujer bala. A la vejez, viruelas y trastadas. Lleva en sus recientes huesos una operación de cadera, una apendicitis fulminante y el atropello de un taxi por cruzar como una jovenzuela por una calle de Valencia de cuyo nombre no quiero acordarme.

Años ochenta. Ahora, está de visita en el médico (¿ya se les llamaba «geriatras»?). La acompaña su hijo Manu. Entra en la consulta tras levantarse renqueante de la silla de la sala de espera. Lleva muletas, pero camina con ritmo decidido, pujando fuerte. Está triste, inquieta, muy nerviosa, aunque sabe disfrazarlo con un poco de genio. Le duelen las articulaciones. No es nada. No es poco.

El médico es un ceremonioso y amable socarrón. Al lado, su prudente, resabiada y fiel enfermera.

—Hombre, doña Emilia, qué alegría verla.

—Igualmente, don Enrique.

Manu asiste casi como un actor secundario. El doctor le da la mano con una sonrisa e intercambian una pequeña fórmula de cortesía. La enfermera sonríe a todos y asiente levemente con la cabeza.

—Tomen asiento, por favor.

Así lo hacen, con la parsimonia que requiere el quebradizo cuerpo de Emilia, a quien ayuda, pero sin hacerle parecer inválida.

—Deja, deja —dice ella.

—Le traigo la analítica, doctor —dice Manu, alargando un sobre.

—Bien, veamos.

El doctor despega la solapa con un leve tirón y extrae el contenido del sobre, un par de páginas grapadas que escruta con distraída dramaturgia.

Emilia y su hijo callan, levemente expectantes y con ese puntillo de miedo típico de los pacientes que barruntan el que creen que será siempre un despiadado diagnóstico. Don Enrique goza el momento. La analítica revela pequeños desastres. Sonríe.

—Un poquito alto el colesterol, doña Emilia.

—Me tomo las pastillas, doctor.

—Siga tomándolas —le instiga cariñosamente.

Manu mira al doctor, levemente intrigado. «Hay algo más, cabroncete», piensa. El doctor le devuelve la mirada y hace un disimulado gesto de desdén. Todo se ha entendido.

—Me duelen mucho los huesos... —se queja la anciana, que quiere un poquito más de caso.

—Usted ha tenido muy buen tipo, doña Emilia. Sus huesos son bonitos, por eso duelen más.

—¡Anda ya!

Es mentira, ella no es tonta. Sin embargo, funciona.

—Ayer en la tele hablaron de nuestro pueblo, ¿lo vio? —pregunta el doctor.

—Síií. ¿Lo vio usted también?

—¡Pues claro!

—Bien bonito es.

—¡Ya lo creo!

El doctor se dirige ahora a la enfermera.

—Carmen, tómele la tensión a doña Emilia, por favor.

Todo sigue un apacible ritual. Ella se deja llevar, dócil, arremangándose, mostrando su antebrazo para que la enfermera se lo apriete con el tensiómetro. El pluf-pluf del bombeo, la aguja oscilando, el rasguido final del velcro. Mientras el doctor pega la hebra, le pregunta sobre dulces banalidades, le hace pequeñas bromas. Hay en ello una terapia de tiempo y delicadeza que apacigua los decibelios del mundo.

Cuando termina la visita, el doctor los acompaña a la puerta y los despide cálidamente. Emilia le da un abrazo. Manu vuelve a darle la mano y lo mira como se mira a un granuja. Don Enrique le sonríe con una especie de esplendor.

Ya de vuelta a casa, madre e hijo intercambian impresiones.

—Qué majo es el médico.

—Sí, mamá.

—Por cierto, ¿cómo tengo la tensión?

—Alta.

—¿Por qué será?

—Ayer te pillé zampándote unas anchoas. Igual es por eso.

—No, no será por eso, no puede ser.

Manu la mira estupefacto.

Doña Emilia disfruta de su propio y cínico desparpajo. Es divertido saltarse los melindres. Se lo puede permitir, tiene derecho a ello. Se siente poderosa, optimista, relajada.

MARCELINO CARRETERO SANGUINO

«Volver a la vida»

Amante de la lectura y luchador por las libertades y la democracia desde siempre. Es un jubilado de 70 años, sin estudios ni título universitario. Comenzó a trabajar con 8 años, al quedar huérfano de padre durante las huelgas de la minería de Asturias en los años sesenta del siglo XX. En el libro *Protagonistas de la Transición en Asturias. Volumen II*, editado por la Fundación José Barreiros, le dedican una página, como uno de esos protagonistas. Ha tenido cargos sindicales y políticos a nivel local, municipal, regional y nacional.

Comenzó a escribir poesía a los 16 años. Su obra *Poemas para después de una dictadura*, con poemas datados entre los años 1970 y 1979, es un poemario de reconciliación entre las dos Españas. Su novela histórica-romántica basada en hechos reales *José el Habanero* es la primera de la saga de los Galeano-Carretero, que está escribiendo actualmente. Coautor del libro *Microcosmos, 58 relatos de vida, amor y muerte*, del grupo de autores MAPEA.

Marcelino cree que los acontecimientos sucedidos durante la vida pueden ser determinantes en los temas de salud. Su ensayo nos habla de ser positivo ante las adversidades, y en él se cuentan los periplos de un hombre al que los médicos notifican que a su esposa le quedan unos meses de vida, y cómo, siguiendo las indicaciones médicas y un tratamiento experimental para el síndrome que le fue diagnosticado, la mujer, finalmente, pudo «volver a la vida».

Puedes encontrar a Marcelino en Facebook y en Instagram como @macasan1954.

VOLVER A LA VIDA

Hay enfermedades que llevamos desde que nacemos, a veces con síntomas que no notamos, pero que marcan toda una vida.

El día después de los fuegos artificiales de las fiestas de Gijón, en agosto del año 2011, Gustavo recibió una llamada del Hospital Universitario Central de Asturias (HUCA) pidiéndole que pase a la mayor brevedad por el servicio de urgencias porque acababan de ingresar a su mujer. Al llegar, le indicaron que Diana, su esposa, parecía haber sufrido un posible ictus, aunque los síntomas y espasmos que experimentaba eran más parecidos a ataques epilépticos.

—Doctor, ¿puedo entrar a verla? —preguntó él.

—Sí, yo lo acompaño —le respondió el doctor.

Gustavo le cogía la mano a su esposa, y unas lágrimas bajaban por sus mejillas mientras el doctor hablaba.

—Como ve, su esposa sigue inconsciente, tal como la trajeron en la ambulancia. Los sanitarios que rápidamente la atendieron le pusieron una inyección para evitar una posible trombosis. Al resultarnos extraños los síntomas y no despertarse, nos pusimos inmediatamente en contacto con el Departamento de Epilepsias de una universidad del sur de España, que son pioneros en el tema, para que nos informen.

Habían transcurrido unas tres horas, y Gustavo aún no había dejado de pasear de un lado a otro de la sala de espera, cuando una enfermera lo llamó y le pidió que la acompañara al despacho del doctor. Al entrar por la puerta, el facultativo lo mandó sentarse y le dijo que acababan de recibir una notificación de Departamento de Epilepsias a donde habían solicitado información, sugiriendo que le trepanaran el cráneo a la paciente, le colocasen una sonda y les enviasen la grabación de los espasmos, pues con los datos recibidos hasta el momento no tenían suficiente información para un diagnóstico.

El doctor pidió a Gustavo su autorización para realizar la trepanación craneal a su esposa. Y este firmó el documento al tiempo que decía:

—Doctor, usted es el profesional, haga lo que considere necesario clínicamente.

Días más tarde, Diana ya había recuperado la consciencia, aunque tan solo balbuceaba algunas palabras. De la parte superior de su cabeza sobresalía la sonda que le habían introducido. Estando Gustavo a su lado, acariciándole la mano que tenía libre, se acerca una enfermera y le dice que ya ha transcurrido el tiempo de la visita y que pase por el despacho del doctor, pues quería hablar con él.

El médico informa a Gustavo que los espasmos y síntomas que su esposa tiene en el lado derecho del cuerpo no son de ningún tipo de epilepsia reconocido, por lo que a lo largo de la tarde le realizarían una tomografía axial computarizada (TAC) cerebral, para buscar alguna posible lesión que sea responsable del cuadro clínico de Diana.

—Váyase usted para su casa a descansar un poco, y mañana por la mañana nos vemos, y ya le proporcionaré la información de la que dispongamos —le indicó el médico.

Gustavo, después de una frugal cena, subió a la parte superior de la casa de la aldea donde residían, en una parroquia de un municipio minero de la zona central de Asturias. La casa de dos plantas tenía, en la parte baja, la cocina, una pequeña salita y dos habitaciones también pequeñas, un tramo de escaleras, hasta un rellano o pequeño descansillo, desde donde se entraba al baño, que sobresalía de la casa sobre cuatro columnas, y desde el rellano había otro tramo de escaleras para el acceso a las dos habitaciones superiores.

Aunque intentaba leer algo, no podía concentrarse en nada. Sus pensamientos iban una y otra vez hacia aquella cama del servicio de urgencias, y no podía quitarse de la mente la imagen de Diana, su esposa y madre de sus hijos, allí medio inconsciente y con aquellos cables saliendo de su cabeza. El cansancio hacía mella en él, quedó aletargado. Varias veces durante la noche estiraba el brazo buscando a la mujer de su vida, pero, al no encontrarla, encendía la luz de la mesita y, al mirar hacia el reloj, se daba cuenta de lo que sucedía y se aseguraba de que el despertador estaba funcionando bien, pues lo había puesto a las siete de la mañana para ir de prisa al hospital.

Al llegar a urgencias, pidió pasar a ver a su esposa. La enfermera le dijo que sí, pero que antes pasase por el despacho del doctor, que estaba de guardia, pues tenía que informarle de algo.

—Gustavo, su esposa tiene una enfermedad muy grave y poco estudiada aún, pueden quedarle unos meses de vida. Tras revisar y estudiar el TAC cerebral que se le realizó ayer por la tarde, hemos encontrado que padece una malformación en el cerebro conocida como «malformación de Dandy-Walker» o «síndrome de Dandy-Walker».

—¿Qué enfermedad es esa? Jamás había oído hablar de ella —le respondió Gustavo al doctor.

—El síndrome de Dandy–Walker es una malformación congénita del cerebro que damnifica el cerebelo, una parte del cerebro que afecta a muchas partes del cuerpo. Entre el 70 y el 90 % de los síntomas suelen estar asociados a la hidrocefalia. Ese es el caso de su esposa; por ese motivo, tendremos que hacerle una punción de médula ósea, para intentar conocer el alcance de las lesiones que puede tener y qué zonas del cuerpo han sido afectadas —explicó el médico.

—Doctor, ¿qué puede ser lo que ha desencadenado esta enfermedad en mi esposa? —preguntó Gustavo.

—Los primeros síntomas suelen presentarse en la infancia, con un desarrollo psicomotor más lento —dijo el galeno.

—Lo siento, doctor, no sé qué significa «psicomotor». Si no le importa, dígamelo de manera que yo pueda entenderlo —respondió Gustavo.

—El desarrollo psicomotor es la manera y velocidad en que los niños aprenden a realizar las cosas que consideramos normales en un niño de esa edad, como, por ejemplo, aprender a gatear y después caminar, aprender a darse cuenta cuando tiene ganas de orinar o defecar y pedirlo, y ya más adelante aprender a leer y escribir. Como de momento su esposa va a quedar aquí ingresada en urgencias hasta que tengamos un diagnóstico claro de lo que le sucede, ya le iremos dando información de lo que vayamos averiguando —acotó el doctor.

A las dos semanas informaron a Gustavo de que el Gobierno había dado autorización para que le suministrasen un tratamiento experimental muy caro a su esposa, ya que se trataba de una enfermedad muy poco habitual y querían ver cómo reaccionaría a ese tipo de medicación.

Luego de un mes de estar ingresada en urgencias, deciden trasladar a Diana a la planta de hospitalización. La recuperación empezaba, pero era muy lenta. Gustavo, todas las tardes después de salir de trabajar, iba al hospital para ayudar a levantar a su mujer de la cama, para que esta intentase dar unos pasos, mientras él le sonría y le daba ánimos, diciéndole que estaba logrando dar un paso más cada día, intentando que Diana no se diese cuenta de la opresión que él sentía en el pecho y cómo se tragaba las lágrimas cuando la contemplaba. En su cabeza resonaban aquellas palabras que le habían dicho hace solo unos dos meses: «A su mujer pueden quedarle unos meses de vida».

Esa noche en su casa a solas, cogió el historial médico de su mujer que le habían facilitado en el hospital y volvió a leerlo una vez más, como muchas otras noches mientras contemplaba el lado de la cama donde dormía su mujer, ahora vacía, sin ella.

> Paciente de 51 años, trabajadora de la limpieza. Casada con dos hijos. No terminó el graduado escolar. Alergia a la penicilina. No hábitos tóxicos. No hipertensión arterial (HTA), ni diabetes mellitus (DM), ni DL. Intervenciones quirúrgicas: embarazo ectópico, oclusión intestinal. Osteoartrosis. Hernia de hiato. Crisis febriles de 3 a 5 años. IQ de intestino grueso. En seguimiento en reumatología con diagnóstico de fibromialgia. Otros

síntomas reconocidos que forman parte del cuadro compatible con el síndrome o malformación de Dandy-Walker son:

- Pérdida del control del esfínter, por lo que deberá usar pañales para la incontinencia urinaria.
- Convulsiones.
- Pérdida de la memoria, pudiendo remitir después de cierto intervalo de tiempo.
- Pérdida de la percepción de las direcciones.
- Nervio óptico afectado desde la niñez, lo que ha producido astigmatismo y ha perjudicado la visión de cerca y varios otros síntomas.

Gustavo, a pesar del cansancio después de leer aquel informe médico tan desolador, no lograba cerrar los ojos. A pesar de tener que madrugar todos los días, ya que su jornada de trabajo comenzaba a las 6 de la mañana, empezaba cada vez a repasar mentalmente los hechos que él considera que podrían ser responsables de la crisis médica de Diana. Y su mente se iba a aquellos años ya lejanos de finales de los años 70 del siglo XX, cuando comenzó a cortejar a Diana y esta le contaba que sus padres, desde que era una guajina —que es como se conoce en las zonas mineras de Asturias a las niñas de corta edad—, la llevaban a un colegio de monjas de Noreña, un municipio de la zona central de Asturias. Y ella le relató que, cuando tenían ganas de orinar y levantaban la mano para decírselo a la monja, a ella y a otra niña que era de aquella población las monjas, en lugar de llevarlas al retrete, las encerraban en la carbonera, donde estaban durante todo el resto de la clase llorando aterradas mientras las ratas se paseaban por encima de ellas. Esto se lo confirmó a Gustavo aquella otra mujer, a la que encontraron un día en que Diana y él, ya casados y con hijos, fueron a las fiestas del Eccehomo de Noreña. Ella le corroboró que, cuando sus padres iban a buscarlas por la tarde, las monjas les decían que Diana era una burra y que no quería aprender a leer. Resulta, como les dijo el oculista la primera vez que la llevaron con 15 años ya cumplidos, que tenía astigmatismo de nacimiento, por lo que no reconocía bien las letras. Diana aprendió con Gustavo a leer y se atrevió por primera vez a hacerlo en público cuando llevaban ya más de diez años de casados.

Gustavo recordó que, cuando aún no tenían ni cinco años de casados, ella había empezado a trabajar en una empresa de Oviedo, limpiando en un colegio de integración del centro de Asturias, al que asistían cerca de trescientos niños de etnia gitana y menos de cien payos, como estos llamaban a quienes no eran gitanos.

Recordó también una experiencia muy fuerte que Diana le había contado y había significado un trauma para ella. Un día, a eso de las nueve de la noche, Diana llamó a Gustavo y le pidió que fuera con la policía al colegio y que llevarán a alguien de servicios sociales, porque estaban encerradas la directora, ella y una niña de menos de 12 años, a la que su familia quería casarla por el rito gitano con un hombre de cerca de 30 años. Decenas de habitantes del poblado gitano habían rodeado el colegio, y aquel futuro marido de la niña no dejaba de gritar que, mientras no catara él a su futura mujer para saber si era virgen, no se casaría con ella. En ese contexto, a Diana le habían puesto varias veces una navaja en el cuello como advertencia de lo que podría pasarle si no cambiaba de actitud. Muchas veces tuvo que dejar aparcado el coche a cientos de metros del colegio, para evitar que le pincharan las ruedas, como hicieron varias veces tras aquel traumático acontecimiento con la niña.

Gustavo recordó que Diana había mencionado varias veces que se sentía muy cansada y que le dolía todo el cuerpo. Al llegar a casa los viernes por la noche, se metía en la cama y quedaba desfallecida de cansancio, y cada vez que intentaba cambiar de postura, mientras estaba echada, gritaba de dolor. Al buscar ayuda profesional, los médicos les dijeron que lo que Diana tenía era una enfermedad llamada «fibromialgia» y que, como resultado de la exploración física de puntos de dolor para reconocer la enfermedad, de un total de dieciocho, Diana ya tenía más de doce. Bastantes años más tarde, Diana fue trasladada a un colegio en la misma localidad donde ella residía.

Con los hijos ya independientes, una noche Gustavo y ella salieron a cenar a una localidad cercana a Oviedo. Gustavo dejó a Diana en la puerta del restaurante mientras él fue a buscar aparcamiento. Al salir, mientras él pagaba la cuenta, le dijo que saliera y fuera hacia el coche, que estaba aparcado en la calle, a la derecha del restaurante. Cuando él salió, vio a Diana parada en la acera mirando hacia los lados. Él le preguntó que qué sucedía, y ella se volvió hacia su marido y, con cara extrañada, preguntó hacia dónde estaba el lado derecho... Él tomó ese incidente a broma y no le dieron más importancia.

Pocas semanas más tarde, Diana y Gustavo planeaban ir al cine en Oviedo. Diana sacó el coche del garaje de la casa de la aldea donde residían, y Gustavo se sentó a su lado como copiloto, pero, al entrar en la autopista hacia Oviedo, se dio cuenta de que Diana había entrado por el carril de salida de los coches sin percatarse de ello. Pararon, cambiaron de asiento, Gustavo retrocedió y sacó el coche del carril equivocado. Luego, detuvo el vehículo y le explicó a Diana lo que acababa de pasar. Esa fue la última vez que Diana condujo un coche.

Después de cerca de tres meses de ingreso hospitalario, dieron de alta a Diana. En la casa donde residían había escaleras, y ella no podía subirlas ni bajarlas sin que le dieran convulsiones. Gustavo tuvo que hipotecar la casa y alquilar un piso en la población más cercana a sus distintos centros de trabajo.

Como la inspección de trabajo le debía dar el alta, acudieron a la mutua de la empresa, y los doctores, después de algunos reconocimientos minuciosos, dictaminaron que Diana no era capaz de subir escaleras cargada con un cubo de agua y las dos muletas. Ya que en el colegio donde ella trabaja no disponía de ascensor, comunicaron el diagnóstico a la inspección. Lamentablemente, se le denegó a Diana la jubilación adelantada, argumentando que era aún muy joven. Gustavo tuvo que acudir a los abogados del sindicato donde ella estaba afiliada desde el día que comenzó a trabajar, y el gabinete jurídico del sindicato presentó una solicitud de jubilación por enfermedad para Diana ante la Seguridad Social.

Tras las elecciones generales del 20 de noviembre de 2011, el partido que fue elegido para gobernar España eliminó la subvención a las medicinas para las enfermedades degenerativas, porque, como esos pacientes se iban a morir igual, el Gobierno no asumiría ese gasto, pues para ellos era innecesario. Al ser su mujer una de las pacientes que estaban recibiendo un tratamiento experimental para su rara enfermedad, se autorizó que se le entregaran a Gustavo en la farmacia, previo pago de las decenas de euros, las diecisiete pastillas que Diana tomaba al día.

Gustavo salía a trabajar a las cinco de la mañana. Se levantaba a las cuatro, duchaba a su mujer, le daba de desayunar, le ponía varios pañales y sobre la mesita le dejaba unos yogures bebibles, una botella de agua y un vaso con leche, antes de irse. Era triste notar, cuando él volvía a las dos de la tarde, que el 99 % de los días ninguno de los familiares de Diana había pasado por su casa para preguntar al menos cómo se encontraba de salud.

A primeros de julio de 2018, Gustavo recibió una llamada urgente del hospital para que acudiesen Diana y él. En el hospital les informaron que, tras la moción de censura contra el Gobierno de España del 31 de mayo y el 1 de junio, el Gobierno entrante había vuelto a dar autorización para que las medicinas para todas las personas con enfermedades degenerativas y terminales vuelvan a ser a cuenta de la Seguridad Social. Las distintas sentencias favorables a la jubilación prematura de Diana fueron recurridas por la Seguridad Social, hasta que en octubre de 2018, y con un grado de discapacidad del 55 %, reconocido por la Junta de Discapacidad de Oviedo, la Sala Social del Tribunal Superior de Justicia de Asturias desestimó el recurso de suplicación del Instituto Nacional de la Seguridad Social contra otra sentencia anterior favorable a la jubilación de Diana, y falló declarándola en situación de incapacidad permanente absoluta.

Como los neurólogos habían aconsejado a Diana —teniendo en cuenta que el tratamiento estaba dando resultados y que aquellos «pocos meses de vida» ya llevaban años prorrogados— que, para seguir mejorando, debería andar todos los días por la arena húmeda del mar, para descargar la energía estática que le producían las convulsiones que seguía teniendo a diario, y que debía ser en un clima más seco que el de Asturias.

Ante ese reto, Gustavo se jubiló anticipadamente al cumplir 63 años, con 47 años reconocidos cotizados a la Seguridad Social; cargó su coche con una maleta de ropa, su mujer y las dos muletas, y, por medio del Montepío de la Minería Asturiana, fueron desplazándose hasta el sur de España.

En Torrevieja, Diana recuperó el tacto en las manos. El microclima de las salinas y el seguir los consejos de los neurólogos, a los que acudían a Asturias siempre que estos lo solicitaban, ayudaron a que Diana dejase de ser dependiente de las muletas y a que las diecisiete pastillas diarias se redujeran a tan solo cinco cuando volvieron a Asturias cuatro años más tarde y sin muletas.

Todos los otoños, Diana y Gustavo vuelven a Torrevieja, al lugar donde ella, con el tratamiento experimental, el clima y los consejos de los médicos, «volvió de nuevo a la vida».

MARÍA DE MENA

«BIENESTAR EN LA ADOLESCENCIA:
NEUROCIENCIA Y *MINDFULNESS*»

María, una mujer polifacética, se identifica como madre, viajera, artesana, creativa, profesora y estudiante del ser humano. Su trayectoria profesional comenzó en el mundo de las finanzas, trabajando como *trader* en París, donde experimentó un ambiente estresante y competitivo. Esta experiencia la llevó a cuestionar su camino y, con el nacimiento de su segundo hijo, decidió cambiar de rumbo. Se trasladó a Londres, donde se dedicó a estudiar creatividad y meditación, mientras criaba a sus tres hijos.

Al regresar a Madrid con sus hijos adolescentes, María se enfrentó a los desafíos de esta etapa, lo que la inspiró a centrarse en la salud mental de adolescentes y jóvenes. Se formó como profesora de *mindfulness* para adolescentes y adultos, desarrollando posteriormente su propio programa para jóvenes, «Mente Amable». Su experiencia la llevó a impartir la formación de profesores en este programa en la Universidad Complutense de Madrid, ampliando así el alcance de su trabajo.

Puedes encontrar a María en Instagram como @maria.de.mena, o en su página web: www.mariademena.com.

BIENESTAR EN LA ADOLESCENCIA: NEUROCIENCIA Y *MINDFULNESS*

LA SALUD MENTAL EN LA ADOLESCENCIA

La adolescencia es una etapa de trascendental importancia en el desarrollo humano. Es un periodo de grandes cambios y de búsqueda de identidad más allá del núcleo familiar, que prepara a los jóvenes para una independencia saludable dentro de la sociedad en la que vivirán. Durante esta etapa, los altibajos emocionales y la toma de decisiones impulsivas son frecuentes, lo que la convierte en un momento de especial vulnerabilidad. Se reconoce como la etapa más problemática y de mayor riesgo psicosocial, siendo el periodo en el que pueden aparecer adicciones y trastornos mentales. Sin embargo, la adolescencia también ofrece una inmensa riqueza, ya que representa un momento único para el aprendizaje y el desarrollo de fortalezas que marcarán su vida adulta.

Los datos sobre la salud mental de los adolescentes en las últimas décadas son ciertamente alarmantes, situación que se ha exacerbado desde el desarrollo del mundo *online* y aún más desde la pandemia. La Organización Mundial de la Salud (OMS) declara que uno de cada siete jóvenes entre 10 y 19 años padece algún tipo de trastorno mental, particularmente depresión, ansiedad y trastornos del comportamiento. Las tasas de autolesiones han aumentado y el suicidio se ha convertido en la tercera causa de muerte entre los jóvenes en 2021. La OMS y UNICEF enfatizan la importancia de invertir en programas de prevención y tratamiento de salud mental para niños y adolescentes. Sin embargo, a menudo no ofrecen protocolos precisos, sino orientaciones generales, mientras que la asistencia psicológica no está al alcance de muchos de ellos.

A pesar de esta urgencia de atender la salud mental del adolescente, se sigue cayendo en ideas preconcebidas sobre los retos de esta época vital, dejando a los jóvenes desprovistos de herramientas efectivas para afrontarlos. Comúnmente se atribuye la desestabilización emocional a los importantes cambios hormonales que ocurren en esta etapa y para los que no hay realmente solución. Por lo tanto, los únicos remedios que se ofrecen recaen sobre charlas sobre cómo deben comportarse, prohibiciones y sistemas de premios o castigos. Pero, como bien se sabe, estos remedios son poco efectivos. A fin de cuentas, cuando el adulto no está presente, es el adolescente el que toma las decisiones ante cualquier situación y contrariar la autoridad del adulto es, precisamente, un impulso característico de esta edad. Por ello él mismo necesita incorporar los valores y las herramientas para su propia autorregulación. En este ensayo vamos a indagar qué está realmente ocurriendo en la adolescencia y cómo se pueden ofrecer las herramientas necesarias.

¿QUÉ ES LA ADOLESCENCIA?

Lo primero que hay que plantearse es qué entendemos realmente por adolescencia. Una buena definición es fundamental para saber cómo actuar. Tradicionalmente, se habla de la etapa vital que empieza con la pubertad, alrededor de los 10 años, y termina al sobrepasar la mayoría de edad, hacia los 19 años. Sin embargo, una comprensión más actual de su desarrollo evolutivo ha ido extendiendo este periodo hasta los 25 años. Por un lado, la pubertad comienza antes y, por otro, hay un retraso en la toma de las responsabilidades tradicionales del adulto, como el fin de los estudios, el matrimonio, ser padres o madres. Curiosamente, esta prolongación viene respaldada, como ahora veremos, por cambios cruciales en el cerebro descubiertos gracias a los avances de la neurociencia.

Las características habituales de la adolescencia, reconocidas de manera universal, son la búsqueda de novedad, los comportamientos impulsivos y los fuertes altibajos emocionales, con grandes fluctuaciones entre la excitación y el aburrimiento. Es corriente que estos rasgos se atribuyan a la explosión hormonal, que, si bien explica los cambios físicos y el desarrollo de la sexualidad —generando inseguridad al no reconocerse en un cuerpo que se siente ajeno—, no logra realmente explicar esos característicos comportamientos impulsivos y estados emocionales. Sin embargo, hay otro fenómeno desvelado por estudios recientes de neurociencia que muestran que, precisamente, entre los 10 y los 25 años se produce una fundamental reestructuración del cerebro. Estos cambios neuronales sí explicarían esas particularidades propias del adolescente.

EL CEREBRO DEL ADOLESCENTE

¿Qué ocurre en el cerebro del adolescente?

No es que deje de funcionar correctamente o que pierdan la cabeza, como a los adultos a menudo nos guste decir, sino que se está produciendo una sana y profunda transformación. Desde la concepción y durante toda la infancia hay una rápida proliferación de neuronas y de las conexiones entre ellas, las sinapsis. Sin embargo, al llegar a la adolescencia, este proceso se invierte y, al llegar a la adolescencia, se acelera lo que se conoce como «poda neuronal», es decir, se produce una importante reducción de su número.

Es un proceso en el que se eliminan las conexiones que no se utilizan y, por lo tanto, sobran, bajo el lema de «Úsalo o piérdelo». Esto viene determinado por la experiencia; por ello, si se quiere desarrollar una habilidad, como tocar un instrumento o aprender un idioma, es mejor hacerlo antes del final de la adolescencia. En paralelo, las conexiones neuronales que permanecen se van haciendo más rápidas gracias a que parte de la membrana de las neuronas se recubre de una sustancia que se llama «mielina», produciéndose el denominado «proceso de mielinización».

Además de estos procesos, hay estructuras en el cerebro que se están remodelando, como la corteza y el sistema límbico. La corteza prefrontal, la parte más reciente del cerebro, es conocida como el «cerebro racional», ya que su función es analizar y coordinar la toma de decisiones, sopesar las consecuencias de nuestros actos y controlar la impulsividad.

No es sorprendente aprender que esta área todavía no esté completamente desarrollada ni integrada con el resto del cerebro en la adolescencia. Por su parte, el sistema límbico o «cerebro emocional» se encuentra en pleno apogeo, lo que resulta en una sobreactivación de los circuitos «emocionales». A pesar de que los niveles de dopamina, el neurotransmisor del deseo de recompensa que nos pone en movimiento, no son particularmente altos, estos circuitos reaccionan de manera exagerada. Se dice que hay una hipersensibilidad a la recompensa. Ante experiencias estimulantes, se libera dopamina de manera desproporcionada, incitando a realizar esos comportamientos de riesgo una y otra vez. Sin embargo, cuando no hay nada que los estimule, sus niveles caen en picado y se aburren soberanamente.

De manera simple, podemos decir que lo que está ocurriendo es que la parte más emocional está en sobreactivación, mientras que las conexiones con la parte más racional están todavía en desarrollo y, por lo tanto, esta parte no puede regular los vaivenes emocionales y la impulsividad. Dentro el cerebro emocional destaca el hipocampo y la notoria amígdala, que tiende a sobrerreaccionar ante estímulos externos. La corteza, al no tener todavía un papel principal, como lo tendrá en la edad adulta, no puede hacer su trabajo para considerar las consecuencias e inhibir esta impulsividad. El cerebro emocional exaltado reina en el cerebro del adolescente. Una vez entendido esto, podemos acercarnos a ellos con otra perspectiva. Podemos ver que son, en cierto modo, víctimas de su propio cerebro en transformación y que necesitan otro tipo de apoyo para poder regularse.

Daniel Siegel (2014), el reconocido psiquiatra infantil y juvenil, creó una imaginativa metáfora para comprender la regulación emocional: el modelo del cerebro en la palma de la mano.

Según este modelo, la mano representa el cerebro: la muñeca correspondería al área más primitiva (médula espinal y tronco del encéfalo); el pulgar simbolizaría el área límbica o emocional, localizada en la parte más interna del cerebro, y los dedos representarían la corteza cerebral, siendo los dedos del medio la corteza prefrontal, responsable del pensamiento racional. Si cerramos el puño con el pulgar dentro de la palma, tendríamos un cerebro integrado y regulado. En este estado, la corteza prefrontal (los dedos) cubre y modula la impulsividad del cerebro emocional (el pulgar), evaluando las consecuencias de nuestras acciones. Sin embargo, si perdemos la regulación, los dedos se levantan y el área emocional domina el cerebro, ya que la corteza prefrontal deja de ejercer su función, y quedamos a la merced de sus impulsos. Esto ocurre con frecuencia en la adolescencia, ya que las conexiones con la corteza prefrontal aún no están completamente desarrolladas y, por lo tanto, esta no ejerce plenamente su papel regulador. La regulación emocional significa aprender a «cerrar» el puño sobre el pulgar, mediante herramientas como el *mindfulness*, permitiendo que la corteza prefrontal recupere su función reguladora sobre el sistema emocional.

MINDFULNESS EN LA ADOLESCENCIA

La regulación emocional del adolescente durante esta etapa de transformación neuronal puede favorecerse mediante herramientas específicas de *mindfulness* o atención plena. Esta práctica fortalece las conexiones con la corteza prefrontal, permitiendo que el cerebro racional module las respuestas emocionales. Cuando el cerebro emocional se sobreactiva, el adolescente aprende a hacer una pausa consciente, dando tiempo a que la corteza prefrontal intervenga en el proceso. Este mecanismo, que podemos visualizar como el cierre de los dedos sobre el pulgar, evita que se vea arrastrado por impulsos y emociones intensas. Como resultado, el joven desarrolla la capacidad de elegir conscientemente sus respuestas ante los estímulos, reduciendo su hipersensibilidad a la recompensa inmediata y fortaleciendo sus circuitos neuronales adaptativos.

Seguramente todos hemos oído en alguna ocasión la definición de *mindfulness*: «*Mindfulness* consiste en llevar la atención al momento presente, sin juzgar, con amabilidad y curiosidad». Quizá nos preguntemos qué tiene que ver con esto. Pues llevar la atención al momento presente no es solo observar la belleza de una flor o saborear una taza de té, en lugar de estar perdido en pensamientos haciendo las cosas sin apenas darnos cuenta. También es observar qué está pasando dentro de nosotros en cada momento, estar presente y muy conectado con la experiencia de cada momento. Eso permite darse cuenta de lo que está ocurriendo y así elegir la respuesta, una respuesta más sabia, informada por la labor de la corteza prefrontal de analizar y sopesar las consecuencias.

El *mindfulness* aporta, en primer lugar, autoconocimiento, dirigiendo la mirada hacia su propia experiencia, ya que resulta difícil cambiar o mejorar lo que apenas se conoce. Así, el adolescente empieza por observar y entender cómo funciona su mente, lo que requiere entrenar la atención. Esto es muy beneficioso ya que en esta etapa la atención suele estar muy dispersa, saltando de un estímulo a otro, de un pensamiento a otro o de una emoción a otra, lo que puede provocar excitación, ansiedad, pensamientos oscuros o incluso estados de depresión. Al entrenar la atención se logra una mayor estabilidad emocional, pues se evita verse arrastrado por pensamientos y emociones fluctuantes. Permite al adolescente enfocarse donde decida, sea en la preparación de un examen o en disfrutar una taza de té.

Una característica curiosa de la práctica de *mindfulness* es que, aunque hablemos tanto del cerebro, en realidad el *mindfulness* trabaja principalmente a través del cuerpo. Es la conciencia corporal lo que permite modular la mente y los impulsos, ya que pensamientos y emociones están profundamente interrelacionados con el cuerpo, influyéndose y retroalimentándose mutuamente. Un cuerpo relajado puede inducir una mente tranquila y emociones serenas, y viceversa. Es muy difícil ordenar a la mente que deje de pensar en algo o a las emociones que cambien, pero es más sencillo llevar la atención al cuerpo y soltar la tensión. Al relajar el cuerpo, los pensamientos y las emociones también se calman. Y es únicamente desde ese lugar de conexión y calma desde donde el adolescente puede elegir cómo va a actuar. También ayuda a evitar el caer en estados de ansiedad o depresión, a menudo provocados por pensamientos negativos recurrentes. Además, esta conexión consigo mismo favorece también la conexión con los demás, numerosos estudios indican que el *mindfulness* incrementa la empatía.

HACIENDO UNA PAUSA

El *mindfulness* no es una teoría que se aprende, sino una práctica, y existen diversas técnicas que respaldan estos procesos. Una de las más simples y accesibles es la pausa.

La pausa es un momento de silencio en medio del ajetreo del día, de la mente y de las emociones; un instante de «no hacer nada» en el que se hace mucho. Consiste en, simplemente, detenerse y llevar la atención al cuerpo, comenzando por los pies y luego la respiración, conectando con un lugar de calma que permite a la corteza prefrontal del adolescente, la parte más sabia del cerebro, asumir su papel.

Este breve espacio, este respiro, ayuda a separarse de los pensamientos y emociones, evitando la fusión con ellos, permitiendo que pasen sin arrastrarnos.

Instrucciones para la pausa

La pausa es una práctica breve pero eficaz que se puede hacer en cualquier momento, ya sea sentado o de pie, mientras se espera el autobús, o antes de entrar en un examen o una reunión, con los ojos abiertos o cerrados. Si se practica en casa, es recomendable poner una mano en el pecho y otra en el abdomen, para así sentir mejor la respiración en el cuerpo.

A continuación, sigue los siguientes pasos:

1. **Parar.** Lo primero es parar lo que se esté haciendo, generando un espacio para poder hacer esta pausa con toda nuestra atención. Parar es esencial, ya que implica romper con el ritmo de la acción continua y dedicarnos unos momentos a estar en la experiencia del presente.
2. **Sentir los pies.** Seguidamente, vamos a enfocar la atención exclusivamente en los pies, de la mejor manera que se pueda. Se trata de percibir cualquier sensación presente: el contacto de la planta de los pies con el suelo, el peso, la temperatura, cualquier sensación de frío o calor, tal vez un hormigueo, o la presión de los calcetines o zapatos. No es importante qué es lo que se está sintiendo, sino el acto mismo de conectar con las sensaciones. Incluso si no se percibe nada en particular, la atención se mantiene en los pies, sin esperar ninguna sensación específica. En caso de que surja rechazo o incomodidad, se intenta mantener amablemente la conexión sin juzgar ni forzar, simplemente aceptando lo que sea que esté presente en ese momento.
3. **Atención a la respiración.** Después de unos instantes enfocados en los pies, se cambia el foco de atención hacia las sensaciones de la respiración, especialmente en el abdomen. En este paso, la invitación es a observar si se puede sentir el movimiento del abdomen al respirar, notando cómo se expande al inhalar y se contrae al exhalar. Esta observación es sencilla y natural, sin la intención de modi-

ficar la respiración; simplemente, se permite que la atención repose en el ritmo natural del aire entrando y saliendo del cuerpo. Para mejorar la conexión con las sensaciones, puede ser útil colocar una mano en el abdomen y otra en el pecho, sintiendo físicamente la respiración. Durante unos momentos, toda la conciencia se centra en el proceso de respirar, tratando de no interferir ni cambiar nada, simplemente estando en contacto directo con el cuerpo y con el acto de respirar de forma natural.

4. **Paso cuatro. Volver a la tarea.** Al cabo de unos momentos, pueden ser unos dos o tres minutos, se abren los ojos si se tenían cerrados y se vuelve a la actividad que se estaba haciendo antes de iniciar la pausa. Este es un buen momento para, durante unos instantes, observar cualquier cambio en el estado de ánimo, notando si hay mayor calma, relajación o claridad. Quizá, al volver a la tarea, se siente una mejor disposición, menos ansiedad o una perspectiva nueva.

La pausa, aunque corta, permite reconectar con el presente a través de las sensaciones del cuerpo y la respiración, ayudando a romper la fusión con pensamientos y emociones que, de otro modo, podrían llevar a una espiral de depresión o ansiedad.

CONCLUSIÓN

La adolescencia representa una etapa crucial del desarrollo caracterizada por una gran vulnerabilidad, cuya situación se ha agravado en las últimas décadas. Aunque tradicionalmente se han atribuido estos desafíos a los cambios hormonales, la neurociencia revela que es la transformación radical del cerebro en la etapa de la adolescencia lo que realmente determina sus comportamientos y estados emocionales imprevisibles, ofreciendo así una nueva perspectiva para abordar y acompañar la salud mental en esta etapa vital.

La adolescencia no debe controlarse o aniquilarse, puesto que es un periodo fundamental para el desarrollo personal y social. La sobreactivación de los centros de gratificación, el ímpetu por experimentar y cuestionar el *statu quo* y la necesidad de rodearse de amigos son elementos esenciales que preparan a los jóvenes para una vida adulta socialmente activa e independiente, además de impulsar cambios significativos en el mundo.

Por su parte, la intensidad de las emociones, con el cerebro emocional como protagonista, también nos recuerda a los adultos el valor de aprender a disfrutar más de la vida. Sin embargo, la limitada capacidad de reflexión del adolescente, condicionada por la reestructuración cerebral de esta etapa, puede acarrear graves consecuencias, por lo que esta capacidad de introspección necesita ser reforzada. Es crucial para su bienestar que cuenten con herramientas adecuadas que les permitan desarrollarla, para que no se vean sobrepasados por los desafíos de este proceso y puedan crecer con una base sólida y resiliente.

La práctica de *mindfulness*, avalada por numerosos estudios científicos, proporciona a los adolescentes toda una serie de herramientas necesarias para desarrollar su capacidad de autorregulación. Lo maravilloso del *mindfulness* (o atención plena) es que no exige más que su propio aprendizaje y práctica, lo que hace que esta actividad sea accesible y fácil de incorporar en cualquier entorno.

En definitiva, esta práctica permite a los jóvenes conectar con su interior, regular sus emociones y pensamientos para enfrentar los desafíos propios de esta etapa con mayor claridad y equilibrio, tomando así las riendas de su propio bienestar.

Bibliografía

Arain, M. *et al.* (2013). «Maturation of the adolescent brain». *Neuropsychiatric disease and treatment*, 9, pp. 449-461. Disponible en https://doi.org/10.2147/NDT.S39776.

Dan Siegel (2014). *Brainstorm: the power and purpose of the teenage brain*. Estados Unidos: TarcherPerigee.

Deena M. Walker *et al.* (2017). «Adolescence and Reward: Making Sense of Neural and Behavioral Changes Amid the Chaos». *Journal of Neuroscience*, 8 November 2017, 37 (45) pp. 10855-10866. Disponible en https://pubmed.ncbi.nlm.nih.gov/29118215/.

MARIAN RUIZ GARRIDO

«Equilibrio en jaque»

Nació en Oñati (Gipuzkoa) y es cosecha del *baby boom*. Estudió Filología Hispánica, y Arte y Decoración. Fue redactora y correctora en Edidec y, desde 2009, trabaja como *freelance*. Ofrece asesoramiento lingüístico, corrección profesional de textos y cursos personalizados de escritura. Ha escrito libros para otras personas —como escritora de incógnito— y participado en colaboraciones. Mantiene activo su blog https://marianruiz.com/, enfocado en la escritura.

El deseo de complacer a los suyos la llevó a adoptar un comportamiento disfuncional desde los quince hasta los cuarenta y dos años, un tiempo largo durante el que hizo múltiples esfuerzos por hallar la ruta que la sacase del infierno. Sufrió una estafa y perdió su casa. Tratando de huir de su historia y hasta de sí misma, se trasladó a Madrid con una mano delante y otra detrás. Con cuarenta y ocho años, la operaron de un cáncer de colon y la despidieron de la empresa en la que trabajaba. A pesar de ello, ha logrado hacer una lectura fructífera de su pasado y dice que es moderadamente feliz; que mira, ilusionada, la vida que le queda por vivir.

Recientemente, se ha enrolado en un apasionante proyecto de salud que, junto con su experiencia, le permite brindar ayuda a otras personas y relacionarse con ellas desde un lugar más humano.

Ojalá «Equilibrio en jaque», su relato, inspire a quien se encuentre en una tesitura difícil. Ese es su deseo.

Puedes encontrar a Marian en las redes sociales X (@marianRGK), Instagram (@marian.ruizgarrido), Facebook (MarianRuizTextosyDeseografia) y LinkedIn (marianruizgarrido).

EQUILIBRIO EN JAQUE

Abrí los ojos, urgida por saber.

—Ya está. Todo bien.

La sonrisa de Elena se me antojó la más bonita del mundo. Me despertaba de la anestesia con un fardo de muchos kilos encima. Su «Todo bien» y su expresión me autorizaban a seguir durmiendo. Ella había dejado de sonreír.

—¿Qué? —pregunté.

—Un tumor.

—¿No era apendicitis?

—No. Era un *zolocotrón*.

—Ah.

La palabra *tumor* —o *zolocotrón,* como había dicho Elena— me era ajena por completo. Me costó asociarla con algo relacionado conmigo.

—Pero ya está. Se acabó, ¿no?

—Te lo han quitado, sí. Ahora lo mandan a anatomía patológica.

—Ah. ¿Para…?

—Tienen que ver si era bueno.

Yo sabía que era bueno. Yo era buena. Llevaba ya cinco años siendo buena.

Solo quería dormir, pero alguien entró con un enorme ramo de flores y me devolvió a una suerte de estado ficticio en el que nada podía ir mal. Aquel tumor —lo sabía— había sido la rúbrica a veintisiete años de bulimia. «Te tomas la vida como una tarea ardua», me había dicho un especialista.

Aprendí a vomitar muy jovencita, como una especie de salvoconducto que me permitía preservar mi integridad frente a mi madre. «Me trago lo que tú digas, pero no tardo en librarme de ello».

—Estás como para sacarte de paseo —dijo la visita—. Tienes buen aspecto…

El espasmo de la risa me encajó en mi nueva realidad. Elena me informó de que habían tenido que rajar de parte a parte («desde el ombligo hasta la refriega», como decía el chiste) y me habían recosido ambas mitades del abdomen con una cremallera de cuarenta y siete grapas. Pero ya. Solo tenía que tomarme la vida con más sosiego. El trabajo en la oficina de reformas me sofocaba: nada de lo que me habían prometido cuando me rescataron de la empresa anterior se había cumplido. Nada. Era lo primero que debía «reformar».

—Lo primero es que estés tranquila y te recuperes.

—¿Cuándo se sabe lo de anatomía patológica?

—En una semana o diez días.

Me tocaba amigarme con aquel cuerpo dolorido que ni siquiera sentía como propio. Dolía hasta respirar. Cinco años sin vomitar no habían servido para que mis adentros se resetearan, quizá, porque después del psicoanálisis seguí viviendo la vida «de manera ardua». Todo se traducía en afanes de reconocimiento y en que el reconocimiento me trajera ganancias contantes. Que los míos se sintieran orgullosos de mí, de mis triunfos. Reconocimiento, sí, tenía, pero contantes, no.

En un viaje a Bilbao, había llamado a mi amiga Itzi y, junto con Xabi, comimos en un asiático, en Zabalburu. Ellos no lo sabían aún, pero los había tomado como testigos. Les confesé, emocionada, que era la primera vez que, después de una comida —un arroz tres delicias— en un restaurante, no me levantaba para ir al servicio a vomitar.

Ese día ni siquiera fui a orinar. Solo lloré, rendida.

Yo ya era buena.

Me abrazaron.

Elena calló que la cosa pintaba mal desde el principio. Había visto mis tripas en una palangana. Sabía lo que había.

—Ya están los resultados —dijo, días después, con cara de circunstancias.

—¿Y…?

—Chungo.

Ocho de febrero de 2008. Debía hacer sol a juzgar por la luz que tamizaba la persiana, una incongruencia total y absoluta para acompañar semejante noticia. Era como si la hubieran apaleado antes de entrar en la habitación.

—Pero ya está, ¿no? Ya no lo tengo.

—Sí, claro… Por cierto, la cirujana que te operó quiere verte. Es majísima.

—¿Para…?

—Hija, es lo normal. A ver qué tal y eso.

Me sentía pesada, hinchada, abotargada; era tres veces yo. Desde luego, imposible ir a trabajar en semejantes condiciones. La tregua me venía de perlas; solo de pensar en la oficina se me encabritaban las grapas y los demonios. Seguro que al volver todo sería distinto: mis jefes, más humanos, y yo, menos cobarde.

Elena y Xabi me escoltaron hasta el lugar de la reunión. Me costaba caminar, como si fuera a partirme en dos a cada paso. La cirujana nos recibió con una sonrisa. «Qué maja», pensé. Después de saludarnos y de revisar algunos papeles, dijo:

—Extirpamos un adenocarcinoma en el colon ascendente, en estadio avanzado.

—Pero ya está, ¿no?

—Hemos quitado todo lo que hemos podido: diecisiete ganglios y la válvula ileocecal. —Estiró los labios—. Pero el tumor se había reventado. La recomendación es una quimio preventiva.

—¿Quimio?

Fue un mazazo. Aquello era la antesala de la muerte. Me faltó el aire.

—Las células madre tumorales son muy activas y pueden migrar rápidamente a otros órganos vitales: hígado, páncreas, pulmones. La quimio frenará esa posibilidad.

Quimio. Cabezas mondas, pañuelos, caras demacradas, pies arrastrados y células batallando contra sus iguales en la búsqueda absurda de una inmortalidad que también acababa con ellas.

¿Me estaba pasando a mí? ¿Tenía que prepararme para morir?

Habría hecho un hoyo en el suelo y me habría metido en él, pero solo conseguí desmayarme. No sé cómo salí de aquel despacho ni qué pasó después.

Recuerdo los correos de la doctora de Tres Azules: «La decisión es tuya; tanto si te das la quimio como si no, tienes mi apoyo. Nadie, salvo tú, debería decidir. Que yo decidiera no dármela no significa más que eso».

Cada día me llegaban recomendaciones de lo más estrambóticas: «Hay quien se trata con veneno de abeja, con aceite de cannabis, con cartílago de tiburón y con no sé qué hongos, y con infusiones de *Artemisia annua…*». Me daba igual una cosa que otra. No había oído que eso matara más que la quimio.

Necesitaba tiempo para pensar.

Y tiempo es lo que no ofrecía la apisonadora hospitalaria. No iban a esperar a que yo fuera sacando conclusiones y descubriendo con qué me amigaba más, ni si buscaba algún modo de eclecticismo entre su medicina y cualquier otra. O estaba dentro, o no estaba. Les faltaba decir: «Y no se te ocurra volver cuando fallen tus veleidades».

Solo había una persona en el mundo que pudiera aliviarme.

—Está en París. En cuanto hable con ella, le digo que has llamado —me respondió su marido.

Me encontraba en medio de una pesadilla espantosa. Mi amiga podía tardar días en reaccionar, y yo habría tenido que tomar una medida horrible que me llevaría a morir «antes de tiempo». La sentencia eran doce ciclos de quimio. No los resistiría. Me había pasado veintisiete años sosteniendo un equilibrio frágil, un peso invisible, veintisiete al borde del precipicio, entre atracones y vómitos, con episodios en cadena en un mismo día y la convicción secreta de que saldría adelante. Vivía aquello tan mío —tan mío— con naturalidad, como el hecho de tener dos brazos, dos piernas y una cabeza con la que a menudo no lograba ponerme de acuerdo.

Hasta entonces, todo había sido «normal».

Yo era así.

Proyectaba una vida larga, tanto como para poder morir con la satisfacción íntima de la tarea cumplida. Así se lo había pedido al Dios de mis ocho o nueve años: una vida larga, cien años, suficientes como para apartar de mí la angustia que me provocaba la idea de perder a mi madre cuando todavía no hubiera aprendido yo a valerme por mí misma. Una vida larga era la única garantía de poder.

Mucho después, el psicoanálisis vendría a poner los puntos sobre las íes: no era el temor de perderla a ella, sino un deseo inconfesable: matar a la madre. Eso quería. A la madre negativa, desterrada al pozo del inconsciente.

«La quimio es lo recomendable». «Uno se curó con veneno de escorpión». «Está feo que lo diga, pero a otro lo mató la quimio». «Las quimios de ahora no son como las de antes; estas son mucho más suaves». «Si el cáncer ha dado la cara, es que estaba ya en fase de resolución».

Fuego cruzado de amigos bienintencionados.

Xabi no había dicho nada, y Elena, tampoco, aunque el tratamiento no despertaba en ellos la misma conmoción que en mí. Yo sabía que ambos estaban por la labor de que siguiera los designios del hospital. Puede que él y yo discutiéramos; yo, buscando mi bien, y él, igual.

Morirme. Con todo lo que tenía por hacer. La vida me decepcionaba justo cuando ya había aprendido a cuidarme, justo después de cinco años «limpia». No era justo que debiera prepararme para morir.

Recibí la llamada de París. Llorando, hipando y a duras penas, le conté. Ella se adelantó: lo había estado mirando. Miguel le había dicho algo. «Lo había estado mirando»; entendí lo que quería decir. Solo ella podía hablar así.

—Marian, por la razón que sea, tu espíritu pide la quimio.

—No…

—Es lo que pide, no me preguntes por qué. Tranquila. Te mandaré toda la ayuda para que no te pase nada. Confía. Tú sales de esta.

Lloré más, lloré lágrimas de encaje. La margarita quedaba deshojada. Si aseguraba que saldría viva… ¡Ah! ¡Me había ayudado tantas veces! Me rendí.

Pero ¿en qué mierda estaba pensando mi espíritu?

Pregunta inútil.

«Que no lo sepan en casa, que mi madre no se entere, o Xabi no tendrá una enferma, sino dos». No quería a nadie llorando por las esquinas, y menos a ella. Necesitaba sostén. Esa persona no era mi madre. Yo seguía sin ser la hija que hubiera querido tener, y ella no sería nunca la madre que yo habría necesitado.

Matar a la madre.

Los cuatrocientos kilómetros que separaban Madrid de mi pueblo me habían servido para zafarme, pero mi historia no había quedado atrás: en mi afán de darles a mis padres motivos de orgullo, había abierto un negocio para cuya financiación les había pedido el aval de su casa, sumado a la hipoteca de la mía. Siete años después, perdí la mía por obra y gracia de un canalla. Mi preciosa casa. Y tuve suerte: algún tipo de auxilio sobrenatural me libró del trago de dejarlos a ellos en la calle. Años después, un juicio me daría la razón… en vano. El sinvergüenza que entraba con alfombra roja en los bancos no era el jubilado de Madrid sin patrimonio que figuraba como gerente de la empresa. No recuperé nada de lo que era mío.

Otro hachazo. «Vida ardua».

Por aquellos días, con la espada pendiendo de un hilo sobre mi cabeza y la fecha para el primer ciclo de quimio, Puri me habló de un médico:

—Te gustará. Es especialista en medicina china y es… —se puso enigmática— especial. Tiene consulta en un pueblo de Navarra.

Félix Irigoyen resultó ser un señor de pelo blanco, ojillos azules y arrugas de abuelo bonachón. Lo primero que dijo fue: «¿Por qué Marian ha tenido que hacerse un cáncer?».

Dijo mi nombre.

Me miró.

Yo le importaba.

Lo segundo: «Tu diagnóstico es compatible con la quimio; opino que deberías dártela».

—¿Me voy a morir?

—No te vas a morir, ni mucho menos. Te prepararé unas fórmulas magistrales que preservarán tus órganos. La quimio hará su parte, y las plantas medicinales, la suya.

Puri me habló también de una experiencia en la feria de BioCultura. Se había sometido a una prueba y el diagnóstico la había desconcertado: adicción al chocolate. «¡Toma ya! ¡Si solo me tomo una onza después de comer!», me dijo alarmada. Solo una onza, pero cada día. Ración y razón suficientes para tipificarla como adicta.

Me habló de Carmen Carrión Ruiz de la Hermosa, una doctora experta en el manejo de la máquina de marras. Al parecer, la Quantum, que así se llamaba el artilugio, trabajaba por encima del cuerpo físico, o por detrás —qué más me daba—, es decir, a nivel subatómico, dondequiera que eso se encontrase, y operaba con las leyes de la mecánica cuántica.

—Parece que la enfermedad se forma primero en el cuerpo sutil y después se manifiesta en el físico —me explicó mi amiga—. Te trabajará allí —dijo haciendo un tirabuzón con el dedo—, y eso se reflejará en tu cuerpecillo serrano.

¿Llegaba todo aquello en forma de la ayuda prometida?

Me pusieron un catéter en una vía central y me colgaron un dispensador que garantizaba la presencia constante de la pócima. Dormir con aquello era un engorro. Pasé el primer ciclo sin pena ni gloria, pero con el segundo empezaron las parestesias. El oxiplatino del cóctel químico me provocaba un desagradable hormigueo que se intensificaba con cada cosa fría que tocaba.

Mis jefes avisaron de que venían a visitarme. Supuse que me traerían un ramo de flores y palabras de apoyo. Todo apuntaba a una nueva relación. Me emocionó.

Se presentaron los tres, solo que, en lugar de flores, traían una carta de despido. Eduardo dijo: «A la empresa le viene mal tu baja».

Hijo de puta.

Me prometí no volver a trabajar para nadie.

Tiempo después, retomé mi primera carrera y me reorienté al mundo de los textos, la escritura y la corrección, un camino iniciado tiempo atrás en una editorial, otra experiencia de «vida ardua» que culminó con el primer despido improcedente que sufrí.

Aquella fue una historia parecida, al menos en la injusticia. Me llamó la nueva subdirectora, tras despachar a la que me había contratado tres años antes.

—No eres periodista, no puedes escribir así. Tú plagias.

¿Plagiar? Era muy fácil hacer un rastreo, pero ni lo hicieron ni pudieron probar nada. Yo escribía así.

Sonreí. No le gustaba mi forma de trabajar y se despachó con esas.

—No puedo contigo —dijo.

«Porque no me ves humillada», traduje. Me levanté, cogí mis cosas y me fui.

Dicen que, después de una experiencia de estas, te conviertes en otra persona, mucho más elevada, más espiritual. ¿En serio? La densidad de mi cuerpo me tiraba para abajo, y la pena me devoraba por dentro: sin trabajo, llena de dolores, con un palo atravesado en mitad de las entrañas, las mucosas irritadas —había mucosas por todo el cuerpo—, sabor metálico en cada bocado, inapetencia, asco, insomnio… Malestares que se sumaban a medida que la tortura avanzaba.

Qué difícil es explicar el dolor.

Igual de difícil que aquellos jefes cabrones que pretendían hacer negocio con mi padecimiento. Itzi dijo que era un despido improcedente y que tendrían que verse con ella en Magistratura. Intentaron un arreglo chapucero; a la empresa tampoco debía venirle bien indemnizarme con lo que era mío.

Yo, con cada ciclo, sentía que estuvieran regándome con lejía, nada del halo romántico con que ciertas obras literarias hablan de la enfermedad y sus transcursos. Aquello no se podía escribir ni describir. Todo se concretaba en un cansancio infinito, en un cuerpo-cárcel. Una guerra intestina literal. Lo único favorecedor eran los labios y las mejillas, que los tenía rojos como guindas, tan paliducha yo toda la vida.

La escisión entre la Marian de siempre y la que soportaba la quimio era real: echar lejía en el cuarto de baño, comer con guantes, vivir entre el sofá y la cama, mal humor, mal olor, rechazo físico. Meses teñidos de una hostilidad que nada tenía que ver conmigo. Todo se había vuelto del revés.

No tardé en hacer otro descubrimiento: podría haber mandado mi colon al hospital y haberme quedado en casa. Ni una sola vez pronunció el oncólogo mi nombre. «Un *cum laude*», había dicho Elena de él, un portento al que solo le interesaba el recuento de glóbulos blancos y si podía soportar un nuevo chute. Una mañana, mientras me extendía una nueva receta de Neupogen, estuve a punto de contarle que había un tipo grande y gordo en aquella sala —ni demasiado amable ni demasiado humana— con la cabeza metida en una bolsa de basura todo el tiempo.

Pero no dije nada. Para qué.

Al mes escaso de haberme «licenciado», septiembre de 2008, Xabi organizó un viaje loco a los parques naturales de Estados Unidos. ¿Se había brotado? ¿Y si no resistía? ¿Y si me ponía peor?

Me sentía débil y asustada.

—Si no puedes, abortamos y nos volvemos.

Fuimos.

Me retornaron a la vida sus cuidados, su buena onda, la luz, toda aquella naturaleza inabarcable. Cuanto estuviera por llegar solo podía ser bueno. Yo había pagado mi precio. Vivimos durante un mes en una caravana enorme, visitando lugares que jamás habría soñado.

Volví recobrada.

Me di de alta mucho antes de lo que requería el rodillo hospitalario. Nadie mejor que yo para determinar que los cabos estaban atados y las conclusiones sacadas. ¿Quién podía evaluar, si no, mis ganas de vivir y de pasar página de una puñetera vez?

Ese viejo afán por una vida larga en la que cumplir mis propósitos sigue siendo el *leitmotiv* que me guía. Me he ido ajustando más y mejor con quien soy, con ese optimismo fundado en que todo cuanto me ocurre tiene un sentido, una dirección. Nada de preguntas del tipo «¿Por qué esto?» y «¿Por qué a mí?», como las que me hice durante mucho tiempo. Ahora sé que la que pregunta es la vida: «¿Cómo vas a responder?».

Ella siempre ha sabido que puedo, y por fin lo sé yo también. Hizo falta más «vida ardua» para ser quien soy, para poner paz con mi madre y fin a tantos silencios y ocultamientos. A tantas contradicciones.

Habían pasado ya dos o tres años. En una de mis visitas a casa, quizá con el diagnóstico de cáncer de mi padre, se lo solté:

—También lo mío fue cáncer. Y doce ciclos de quimio.

Mi madre se echó las manos a la cabeza.

—Y me lo dices ahora…

—Te lo digo ahora que puedo. ¿Qué habrías hecho? Plantarte en casa sin pedir permiso. Me habrías obligado a comer, habría tenido que ocuparme de ti, lidiar contigo, discutir. Solo eso le hubiera faltado a Xabi.

—Nos has mentido tanto… —dijo temblándole la barbilla.

—Es verdad —respondí con todo el cuajo que me había enseñado la vida ardua—. Acuérdate de cuántas veces me dijiste: «Como yo me entere…», «Como yo te pille», «Te mato si…». Y yo no quería ser como tú, resignada, irritada, furiosa. No quería. Mentía. Me esforzaba en presentaros únicamente la imagen de la hija que podíais admitir. *Ama*, querías la verdad, pero la verdad hay que merecerla.

Dudé de que me hubiera entendido. Nunca le había hablado así.

No sé cómo aprendí a quererla, pero sí sé cuándo. Llevaba algo más de tres años acudiendo con rigor semanal a la consulta de Óscar. Una tarde volví con la matraca de tantos males que atribuía a mi madre. Aún no había logrado extirpar por completo mi hábito nefasto, pero quién sabe por qué seguía confiando en él.

—Si llego a caer en las drogas, no salgo.

Hizo un gesto que pretendía cuestionar mi afirmación.

—Fue tu madre la que te salvó de caer.

Cuando Óscar abría la boca, era para decir algo más que palabras; palabras que abrían brechas en las tinieblas, en mi deseo de ahondar en mí y de construir sentido.

Me quedé mirándolo, perpleja. ¿Qué quería decir?

—Tu madre te inculcó un mensaje sin ella saberlo.
—¿Qué mensaje?
—«Niña, ocúpate de ti, que mamá no sabe».

Me di de bruces con la niña, la adolescente y la adulta que yo era, y con la madre que llevaba incrustada en mí.
—Esa es tu fuerza, la que no te ha dejado caer.

Tuvo el efecto de un aldabonazo. Era el regalo más precioso que podía ambicionar.

Y me lo había dado ella.

Viviré cien años. He ido tomando decisiones, conociéndome, aproximándome a una especie de propósito que se dibuja sobre la marcha. Sigo vinculada a los textos; además, guiños de la vida, me han dado muchas satisfacciones y me han ido conduciendo —¿se cierra el círculo? — a un precioso proyecto de salud.

Amo ambas actividades.

Como dice Alejo Carpentier en *El siglo de las luces:* «No hay más tierra prometida que la que el hombre puede encontrar en sí mismo».

Termino celebrando ese horizonte que me guía y todo este sentido que voy construyendo.

MONTSERRAT CANELA GARYOA

«La comunicación sana durante el cáncer»

Nacida en Sant Guim de Freixenet, un pueblo del interior de Cataluña. Reside en Ginebra desde hace 25 años, ciudad a la que se trasladó para trabajar en el ACNUR (Alto Comisariado de las Naciones Unidas para los Refugiados).

Historiadora e informática de formación, y archivera de profesión, ha dirigido varios archivos. Antes de trasladarse a Ginebra, publicó siete libros de literatura infantil y juvenil en catalán; dos de ellos, galardonados con premios. *Las flors salvatges* (*Las flores salvajes*) ganó el Premio Joaquim Ruyra de literatura juvenil, y *Ioshi i la pluja* (*Yoshi y la lluvia*) ganó el Premio de Álbum Ilustrado del Hospital de Sant Joan de Barcelona.

Después de años sin publicar, entró en contacto con el Geneva Writers Group (GWG), una asociación ginebrina de escritores en lengua inglesa, y empezó a escribir textos simultáneamente en catalán y en inglés. De este diálogo surgió una nueva novela infantil que está en vías de publicación y que representa su vuelta a la creación literaria. Ahora que está jubilada, su proyecto de vida es dedicarse profesionalmente a la literatura, tanto en los géneros infantil y de ficción histórica.

Actualmente, está trabajando en un libro de memorias, también bilingüe, sobre su experiencia con el cáncer, como superviviente de cáncer de mama. Un libro pensado para ayudar a las mujeres que están en la misma situación que ella estuvo y a sus familias.

LA COMUNICACIÓN SANA DURANTE EL CÁNCER

La persona sana desea mil cosas,
la persona enferma solo tiene un deseo.

CONFUCIO (551-479 A. C.)

¿TIENE ALGÚN PROBLEMA DE SALUD?

Acostada en la camilla con la cabeza un poco levantada, ya había perdido la cuenta de cuántas personas en bata me habían preguntado las mismas tres cosas: cómo me llamaba, cuál era mi fecha de nacimiento y qué operación iban a hacerme. Las respuestas a las dos primeras preguntas estaban claramente visibles en el brazalete de papel satinado de la muñeca izquierda; la tercera esperaba que estuviese bien clara en sus ordenadores, ya que tenían que corregir la colocación del *port-a-cath*, un catéter venoso flexible que me habían implantado justo debajo de la clavícula para poder administrarme la quimioterapia sin masacrarme las venas y que no había funcionado durante la primera sesión de quimioterapia.

—¿Tiene algún problema de salud? —me preguntó la anestesista cuando ya le había repetido mecánicamente las tres primeras preguntas.

—Ninguno —contesté sin pensar.

—Entonces, ¿qué hace aquí?

—¡Ay! —contesté con una risotada incoherente en el frío y aséptico mundo de los quirófanos—. Tengo un tumor maligno en el pecho derecho.

No añadí que era un cáncer avanzado con sospecha de metástasis en los huesos porque había decidido no pensar en ese tema. Con la quimioterapia ya en mi cuerpo, todavía no había asimilado que, a pesar de no sentir dolor, de tener la presión siempre bien y el colesterol dentro de los límites correctos, estaba gravemente enferma.

Durante los diez meses que pasaron desde el diagnóstico hasta el día en que mi oncólogo me dijo con una sonrisa de oreja a oreja «Estás limpia», viví una montaña rusa de emociones. Muchas veces, un comentario, una mirada o un solo gesto podían llenarme de energía y optimismo, o hacerme sufrir una crisis de ansiedad. Durante el tiempo en que mi vida y mi bienestar dependieron de los médicos, el personal sanitario, los terapeutas y mi familia y amigos, la comunicación con ellos y conmigo misma fue vital. Este ensayo se basa en mis propias experiencias durante ese periodo.

El texto es un caleidoscopio de microrrelatos que contienen cada uno una experiencia y una reflexión sobre la importancia crucial de una comunicación sana basada en la empatía y el autoconocimiento. «Un diagnóstico, dos médicos» trata sobre la comunicación entre médicos y pacientes. «Ni casos ni robots» es un ejercicio de empatía hacia los médicos y el personal sanitario. «El deseo de saber y el miedo a preguntar» reflexiona sobre cómo reducir la angustia que provoca la falta de información durante las pruebas de diagnóstico. «Guiar» es un método para ayudar a las personas de nuestro entorno a comunicarse con nosotros. «Cuerpo y mente» está dedicado a la comunicación con nosotros mismos y al poder de sanación que podemos liberar si conseguimos conectar cuerpo y mente. La «reflexión final» recapitula los puntos más importantes tratados en los relatos anteriores.

UN DIAGNÓSTICO, DOS MÉDICOS

Empezaré con la historia de dos radiólogos. El primero me hizo una ecografía en el centro ginecológico donde acudí para saber qué era aquel bulto duro que me había notado en el pecho, cerca del pezón. El segundo me la realizó en el hospital donde me trataron el cáncer. Los dos especialistas eran hombres y me hicieron una ecografía mientras estaba desnuda de la cintura para arriba, en una camilla. Los dos me mostraron la misma imagen del tumor que aparecía en la pantalla, señalándome su forma irregular con varios focos. Ninguno de los dos pronunció la palabra *cáncer*, pero ambos me dijeron que el aspecto no les gustaba y que era necesaria una biopsia para determinar el tipo de tumor. A pesar de que la imagen y la interpretación de lo que significaba eran idénticas, el efecto de sus palabras fue diametralmente opuesto.

¿Por qué, si el mensaje era el mismo, yo lo recibí de forma tan distinta? ¿Por qué el primer radiólogo me angustió y me dejó perdida, mientras que el segundo me calmó y me levantó la moral? Porque, aparte del mensaje, todo, desde mi estado emocional hasta la sala y la forma de hablarme de cada médico, fue distinto.

En el primer caso, era la primera vez que un médico confirmaba mis sospechas sobre aquel bulto. Durante la segunda ecografía, la idea del cáncer ya se estaba abriendo camino en mi mente.

La primera sala me pareció un lugar grande y frío, con las paredes reflejando la luz blanca del techo. La segunda ecografía tuvo lugar en una sala con una iluminación tenue que creaba una sensación de intimidad y recogimiento.

Sin embargo, la forma en que cada médico me habló fue lo más crucial.

—Por su aspecto y dimensiones, yo creo que este tumor empezó hace cuatro años —me dijo el primero desde lo que me pareció la atalaya de su autoridad, haciéndome sentir culpable por no haber dejado pasar cuatro años entre las visitas ginecológicas.

—No se angustie —me dijo el segundo médico, mirándome a los ojos y buscando las mejores palabras para tranquilizarme—, que, si se confirma que es un tumor maligno, lo solucionaremos.

Una frase sencilla que tuvo la virtud de consolarme, de hacerme sentir acogida y comprendida.

El tumor estaba allí; el peligro, también, y las malas noticias. Pero el primer radiólogo se centró en el tumor y el segundo en mí. El primero me hizo sentir como un caso médico grave, y el segundo, como una persona que necesitaba ayuda.

NI CASOS NI ROBOTS

Semanas más tarde de mi primer diagnóstico, me encontré con mi antigua médica homeópata, ya jubilada, en una terraza. Acudí a ella a los 23 años para tratar mis migrañas diarias y, durante los cuarenta años que se ocupó de mi salud, no solo consiguió aliviar mi dolor de cabeza y casi eliminar los calmantes que tomaba, sino que también se convirtió en mi maestra de vida. Buscando consuelo en aquella sabiduría que me había ayudado tantas veces en momentos complicados, la contacté por WhatsApp. Me respondió enseguida y quedamos para la semana siguiente. Me explicó que su marido tenía un cáncer de colon y que todos los planes que había hecho para la jubilación se habían quedado en suspenso. Sentadas en una terraza del barrio de Gracia de Barcelona, hablamos sobre cómo vivir con un cáncer, la montaña rusa emocional que experimentan pacientes y familiares, los diagnósticos, los tratamientos, sus efectos y la vida en general. Durante la conversación, que se alargó durante horas, tocamos temas de los que nunca habíamos hablado: lo que significa ser médico y estar al otro lado de la enfermedad.

—Cuando mis hijos eran pequeños, sufrían ataques de asma y, mientras trabajaba, los tenía que dejar en casa con una canguro. A mi consulta llegaban muchos padres con niños asmáticos. Yo quería llorar al pensar en mis hijos en casa, pero tenía que seguir adelante y no mostrar mis sentimientos.

Pensé en cómo me afectaba ver la preocupación reflejada en la voz y en los ojos de mi oncólogo cuando hablaba de las posibles metástasis óseas. ¿Qué sabía yo de las vivencias, miedos y preocupaciones de los médicos y enfermeras que me trataban? De las enfermeras que me administraban la quimioterapia, siempre atentas a mi bienestar. Quizás tenían un familiar enfermo, o alguien de su familia había muerto de un cáncer metastásico. La empatía tiene que ir en las dos direcciones. Los enfermos no somos casos ni los médicos son robots; somos seres humanos con nuestra historia y nuestras preocupaciones.

EL DESEO DE SABER Y EL MIEDO A PREGUNTAR

Cuando mantuve la conversación con mi antigua doctora en la terraza, ya llevaba unas semanas haciendo el tratamiento de quimioterapia y estaba mucho más tranquila que durante la fase de las pruebas previas al diagnóstico. Un diagnóstico, por grave que sea, y un tratamiento, por duro que sea, siempre es más llevadero que el tiempo que se pasa hasta recibirlo; un periodo en el que solo se puede esperar y en el que uno acaba imaginando lo peor. A las ecografías les habían seguido varias pruebas, algunas rápidas, como un análisis de sangre, y otras penosas, como las biopsias; otras intimidantes, como las resonancias magnéticas y los diferentes tipos de escáneres. Yo estaba muy agradecida a los avances de la medicina que permitían decidir cuál era el mejor tratamiento para mi enfermedad con toda la información necesaria. Apreciar los progresos médicos no evitaba la angustia durante estas pruebas. La máquina, por grande que fuese, no era el problema; cerraba los ojos y entraba en un estado meditativo que me llevaba lejos de ella y de mi cuerpo. Lo que aterrorizaba era el miedo a los resultados que iban apareciendo en tiempo real en las pantallas del otro lado de la pared. El personal que se ocupaba de las pruebas siempre era muy amable, pero nunca me informaban de cómo había ido. Como mucho, me decían que estudiarían los resultados y luego se los pasarían a mi oncólogo.

—¡Tienes que preguntar siempre! —me decía mi prima, que había sido paciente oncológica. Pero yo todavía estaba demasiado intimidada y tenía miedo a las respuestas si preguntaba. En lugar de preguntar, intentaba interpretar el lenguaje corporal de la persona que venía a buscarme y me acompañaba a la puerta para sacar mis propias conclusiones.

La peor experiencia fue después de la gammagrafía ósea, una prueba en la que te inyectan un medicamento radiactivo para rastrear los huesos y detectar posibles metástasis. La joven técnica entró para ayudarme a salir del escáner y no me miró en ningún momento. Se concentró en tirar unos papeles a la basura mientras yo me ponía los zapatos y salía.

«Ha visto algo terrible en las imágenes y no se atreve ni a mirarme», pensé.

La verdad es que, efectivamente, en la gammagrafía salieron dos lesiones sospechosas. No obstante, dudo que la joven en bata blanca lo supiera, ya que las lesiones eran minúsculas y los médicos estuvieron discutiendo durante días sobre cómo interpretarlas. También dudo que fuera consciente del efecto que su actitud estaba teniendo en mí.

Ignoro si en la formación que reciben los técnicos de medicina nuclear y radiología se incluye la manera en que los pacientes se sienten ante las pruebas, pero, si no lo hace, debería hacerlo. Tendrían que explicarles que, del mismo modo que a una persona con la piel quemada por el sol cualquier roce le produce un dolor intenso, a una persona que está esperando un diagnóstico cualquier palabra le puede lastimar el alma. Cualquier frase banal, dicha con una leve sonrisa, es mejor que enviar al paciente a casa sin mirarlo a los ojos.

GUIAR

Cuando la joven técnica entró, me sentí como una barquita frágil perdida en un mar de olas enfurecidas; cualquier palabra lanzada con la mejor de las intenciones aumentaba mi zozobra. No soportaba que mi hermana me enumerara, con la mejor intención del mundo, las personas que conocíamos que habían superado un cáncer y olvidara a las que no habían sobrevivido. Eran menos, sí, pero yo no sabía en qué lista acabaría: en la de las afortunadas o en la de las que ya no estaban. Si mi vecina me hablaba de los pechos perfectos que le habían reconstruido a una amiga, me tapaba los oídos para no oírla, acongojada por la idea de una futura mastectomía. Si mi prima me preguntaba si me había puesto crema solar antes de salir a pasear juntas, me sentía tratada como una niña y le respondía que pensaba salir en manga corta para ponerme morena. El silencio embarazoso que siguió a una de mis respuestas cortantes me hizo darme cuenta de que tenía que encontrar una forma de acabar con mis comentarios hirientes.

—Concéntrate en la intención y no en las palabras —me aconsejó mi psicóloga.

—No quiero que me traten como a una niña enferma, no quiero que banalicen el cáncer ni que endulcen el tratamiento. No quiero que me den consejos que no he pedido ni que me compadezcan. Solo quiero que me traten como a una persona normal, que me escuchen y me acompañen cuando los necesite.

—Tu familia y tus amigos quieren ayudarte, pero no saben cuáles son tus necesidades. Tú tienes que enseñarles a los demás cómo quieres que te traten. Tienes que guiarlos.

Siguiendo su consejo, cuando alguien de mi entorno me decía algo que me hacía sentir mal, le explicaba que sabía que quería ayudarme, pero que yo me había sentido mal. Todo lo que necesitaba era saber que estaban a mi lado, que me acompañaran, que me ayudaran, que me escucharan y que me consolaran.

—Al principio, no sabíamos cómo tratarte —me dijo una de las amigas que siempre estaban dispuestas a ayudarme cuando les pedía algo—. Después, cambiaste y nos admiraste por la calma y paz que nos transmitías.

CUERPO Y MENTE

La calma y la paz que recibía de mis amigas las encontré en mi interior. La lucha por mi vida estaba liderada por mi oncólogo y todo el equipo de especialistas que trabajaba con él. Pero yo no me consideraba una persona a la que le estaban aplicando un tratamiento, sino que formaba parte de un equipo. No era capaz de convencer a mi cuerpo de que colaborase en su curación hasta que entendía el qué y el porqué de cada parte del tratamiento. Aquí fue fundamental la forma completa y clara con la que mi oncólogo me explicaba cada paso del tratamiento y su infinita paciencia con mis preguntas.

Además de mi comprensión intelectual y mi confianza en la medicina, busqué todas las herramientas a mi alcance para vivir de la mejor manera posible esa etapa de mi vida. Elegí la natación, los paseos, la comida sana y equilibrada, las terapias alternativas (homeopatía, naturopatía y biodinámica), el seguimiento psicológico, la meditación y el reconocimiento de mi parte espiritual.

«Quiero curarme —pensaba—, pero, si al final la muerte llega mucho antes de lo que esperaba, quiero cruzar esa puerta con serenidad».

Todos sabemos intelectualmente que somos mortales, pero aceptarlo emocionalmente y hacer las paces con nuestra mortalidad es algo mucho más profundo. Este paso solo lo pude dar cuando tuve la muerte frente a mí. La buena noticia es que, una vez has hecho las paces con la muerte, puedes empezar a vivir.

Yo sentía cómo mi cuerpo se sanaba, sentía cómo la quimioterapia destruía el tumor y todo el cuerpo protegía las partes sanas del ataque. Me parece absurdo que se contraponga la medicina científica con otras terapias alternativas. Yo sé que a mí me curó la ciencia y los enormes progresos que se han hecho en oncología. Quizás eran solo imaginaciones mías y el tratamiento hubiera tenido el mismo efecto si esta conexión no hubiese existido. No tengo pruebas científicas que confirmen mi método. Hay una cosa que escribí mi diario: quiero que, cuando acabe la quimioterapia, el oncólogo mire los resultados y diga: «Es increíble».

Meses después, acabada la quimioterapia, el oncólogo pronunció las palabras que yo había imaginado:

—Es extraordinario —me dijo ya antes de entrar en su despacho—. En el PET, la prueba más precisa que existe para detectar tumores, no se detecta rastro del tumor.

Aunque, cuando los patólogos analizaron los tejidos de mi pecho después de la mastectomía, descubrieron restos de células malignas, esto no invalidaba el resultado extraordinario del tratamiento. He incorporado muchas de las cosas que aprendí durante mi enfermedad, pero no he vuelto a notar la fuerza y el poder de mi cuerpo con la intensidad que los sentí durante los meses de tratamiento.

REFLEXIÓN FINAL

Las personas no somos máquinas, sino seres complejos, complicados y contradictorios. Si queremos que todas estas partes colaboren en armonía, tenemos que escucharlas y respetarlas. Yo nunca me consideré una enferma pasiva, sino un miembro más del equipo oncológico, con la tarea de liberar todo mi potencial para favorecer mi curación. Para mí, en cada etapa del tratamiento era fundamental utilizar la mente y el cuerpo, por lo que recurrí a una variedad de terapias y técnicas que me ayudaron a vivir con más serenidad todo el tratamiento oncológico.

Dudo que haya dos personas que vivan un cáncer de la misma manera, porque no hay dos personas iguales. El tumor tendrá el mismo nombre, el tratamiento será similar, pero el camino que cada uno de nosotros recorre es único. A nosotros, los pacientes, nos corresponde explicar y guiar a los demás sobre cómo queremos que nos traten y nos ayuden. Somos seres únicos, pero no solitarios, ya que en este viaje nos acompañan médicos, personal sanitario, terapeutas, familiares, amigos y personas desconocidas que aparecen y desaparecen en algún momento puntual y que son esenciales para nuestra supervivencia. Sin ellos, no podríamos ni vivir ni sobrevivir. En este proceso, una comunicación clara y empática es esencial para reducir el sufrimiento del paciente y darle la energía que necesita para avanzar y tener una experiencia lo menos traumática posible.

NACHO RUIZ HENS

«DESGRANANDO EL TRASTORNO BIPOLAR»

Nacido en Madrid, España, en 1981. Licenciado en Derecho y Dirección y Administración de Empresas, ha ejercido como financiador, asesor e inversor en energías renovables desde hace más de quince años. Es padre de tres hijos, de los que fue entrenador de fútbol.

Nacho fue diagnosticado de trastorno bipolar de tipo I en marzo de 2020, habiendo sido ingresado dos veces en un centro psiquiátrico, pero consiguió estabilizarse tras unos primeros años convulsos a raíz del diagnóstico y desde entonces está muy interesado en generar más conciencia social sobre esta condición. Hizo una charla TEDx denominada *Living fully with bipolar disorder* a tal efecto, y en la actualidad Nacho ejerce como *coach* para personas bipolares con su método «Bipolar y Poderoso». Asimismo, lidera un programa de *coaching* para ejecutivos y creadores de contenidos llamado High Performers Alliance coordinado con más de treinta *coaches* a nivel global. Además, realiza emprendimiento tecnológico y social mediante una aplicación de salud mental llamada OpenUpp y mediante una organización sin ánimo de lucro llamada Brilliant Bipolars y trabaja en nuevas obras, incluida su primera novela de fantasía, *Arzan Cuernoscuro*, y su libro de autoayuda sobre trastorno bipolar, *Bipolar y Poderoso*.

DESGRANANDO EL TRASTORNO BIPOLAR

Nadie realmente entiende la oscuridad hasta que la ha atravesado. La locura y la bipolaridad son senderos que, aunque oscuros, también nos enseñan a ver las luces que otros no ven.

Anónimo

¿Sabías que, si no duermes lo suficiente (entre 7 y 8 horas al día), podrías acabar en un hospital psiquiátrico? Podrías desarrollar enfermedades mentales. Quizá hayas escuchado hablar del libro *Por qué dormimos*, de Matthew Walker. ¿Y sabes que, si desarrollas enfermedades mentales, tus probabilidades de muerte por suicidio se multiplican? Esto es una cosa grave. Por ejemplo, un 15 % de personas con trastorno bipolar se suicidan, y entre un 2 y un 3 % de la población tiene trastorno bipolar.

Las causas de las enfermedades mentales todavía hoy no son claras: genéticas, impactadas por el entorno, traumas de la infancia, desajustes químicos en el cerebro, la falta de sueño, el estrés o incluso la alimentación, el metabolismo y la función mitocondrial según los estudios más recientes. Pero una cosa que te puedo garantizar es que la falta de sueño es terriblemente peligrosa. ¿Qué hay en riesgo? Todo. Absolutamente todo. Puedes perder tu reputación, tu trabajo, tu familia, tus amigos, tu dinero, tu salud física. Todo de golpe. En mi caso, no estoy exagerando, lo digo por experiencia.

He visitado la locura en dos ocasiones, pero ahora estoy cuerdo.

Pretendo seguir así, y así es como he sido la mayor parte de mi vida, salvo en las dos ocasiones en las que perdí el contacto con la realidad. Pero los episodios maníacos no fueron tan terribles para mí, al vivirlos en primera persona, como los episodios depresivos.

Cuando me diagnosticaron con 38 años, resultó absolutamente inesperado para mí. Yo sabía que tenía una personalidad genuina y un sentido del humor peculiar, pero pensaba que mi salud mental estaba hecha a prueba de bombas. Fue justo lo contrario. El diagnóstico fue una bomba nuclear arrojada sobre mí. Recuerdo cuando mis padres y mi mujer me recogieron del hospital y me llevaron a la que entonces era mi casa, y yo me bajé del coche y dije:

—Mamá, tu hijo es un enfermo mental.

Y sonreí como si no fuera conmigo la cosa.

La pesadilla no había hecho más que empezar. Y yo realmente no había ni siquiera empezado a aceptar el diagnóstico. Durante los primeros meses odiaba tener que ir al psiquiatra y al psicólogo. Pero empecemos por el principio. Me diagnosticaron trastorno bipolar el 8 de marzo de 2020. Sí, el año de la pandemia COVID-19, justo antes del *lock-down*. Por aquel entonces, tenía estrés en mi vida. Vivía en los suburbios de Nueva York con mi mujer y mis tres hijos. Yo era el sostén de la familia. Trabajaba en un banco de inversión con sede en Manhattan. Era uno de los cuatro directores ejecutivos que estaban poniendo en marcha un departamento de energías renovables. A los pocos meses de empezar, uno de nosotros fue despedido y tuve que ocuparme de sus transacciones, además de las mías. Ese año, nuestra empresa se había expandido a varias ciudades y el director general decidió que no se iba a pagar ninguna bonificación discrecional. Así que tenía estrés financiero, necesitaba refinanciar mi hipoteca, tenía estrés en mi matrimonio y trabajaba demasiadas horas. Me sentía responsable de que todo saliera bien, y quería inspirar a los más jóvenes a que no tiraran la toalla. Hubo una semana en particular en la que no pasé una noche en vela, sino dos, en un lapso de cuatro o cinco días. Así que creo que esta serie de acontecimientos desafortunados me llevaron al desastre personal.

En realidad, mi primer brote maníaco no ocurrió de la noche a la mañana; fue el resultado de un proceso lento, de un cúmulo de presiones y expectativas que se habían acumulado con los años.

Durante mucho tiempo, mi vida estuvo centrada en el éxito profesional y en mantener una imagen de eficiencia y disciplina. Alcanzar logros, cumplir objetivos, era mi forma de sentir que avanzaba. Sin embargo, sin darme cuenta, cada paso que daba hacia adelante era también un peso más que añadía a mi mente, una carga que se volvía insostenible.

Recuerdo los días previos al episodio como si fueran escenas de una película en cámara lenta. Mi cabeza funcionaba cada vez más rápido, mis pensamientos se volvían intrincados, como una maraña imposible de desenredar. Poco a poco, sentía que perdía el control sobre mí mismo. Había algo en mi mente, una especie de energía desbocada que me llenaba de impulsos y me hacía sentir imparable. Era como si mi lógica, mi estructura racional, se estuviera desintegrando. Y por primera vez en mi vida desde que era pequeño, me ponía a llorar con facilidad. Y entonces, cuando el episodio llegó, lo hizo con la fuerza de una tormenta que arrasa con todo a su paso. Todas las ideas estaban conectadas entre sí, el universo me hablaba.

¿Qué es un episodio maníaco? Puede que te estés preguntando. Imagínate una euforia desmedida, irracional. Imagínate que estás en la cima del mundo y tienes la absoluta certeza de que todos tus sueños se van a hacer realidad. De que eres el salvador del mundo. Todo depende de ti, eres la pieza clave en esa gran ecuación universal. Pero los demás ven tu impulsividad, tu falta de sueño, tu dificultad para terminar una frase sin saltar de una idea a otra, tus delirios de grandeza, y detectan algo inusual. A mis padres les dije que «veía la luz».

Mi entonces esposa me hospitalizó con gran habilidad. Yo había dormido tan poco que, de hecho, accedí a ir al hospital, no me fuera a dar un ataque al corazón. Pero no sabía que estaba en admisiones de un hospital psiquiátrico. Mientras esperábamos en la sala de espera, yo le hacía tomar notas sobre todas mis ideas de negocio y todos los amigos que tenían que estar involucrados, y cuál iba a ser el papel de cada uno. Ella hizo bien y me llevó la corriente. De nada servía llevarme la contraria en pleno brote. Una de las cosas que ocurre cuando alguien tiene un brote maníaco es que resulta prácticamente imposible hacerle entrar en razón.

Poco después me medicaron con haloperidol (un antipsicótico), y lo siguiente fue despertarme dentro del hospital psiquiátrico, con ropa de enfermo, pero ni siquiera guardo recuerdo de ese momento, pues todo es difuso.

La hospitalización fue devastadora. Los médicos me diagnosticaron trastorno bipolar no especificado (aunque más tarde dirían que era de tipo I), y de pronto mi identidad comenzó a fracturarse. La persona que yo creía ser se disolvía ante mis ojos. Para empezar, ¿qué hacía metido en un psiquiátrico? Imagínate cuál sería mi frustración, que me puse a pintar más planes de negocio en hojas en blanco, tratando de convencer a la psiquiatra de que me dejara salir para exponer mis ideas al CEO de la empresa en la que trabajaba. Ella me dijo:

—¿Te das cuenta de que estás exponiendo ideas de negocio a una psiquiatra desde dentro de un hospital psiquiátrico? ¿Es eso razonable?

La pregunta de la doctora fue hábil. No la comprendí en su totalidad, pero puede que me quedara un cinco por ciento del mensaje.

Cuando regresé a mi casa, sentía que perdía todo aquello que había construido, cada certeza, cada logro, todo parecía perder sentido. Y lo que experimenté en ese momento fue una vulnerabilidad absoluta. Por primera vez, me sentí completamente expuesto, atrapado en un cuerpo y una mente que ya no me obedecían. Esa experiencia fue mucho más que una crisis de salud; fue una crisis de existencia. Era como si el suelo que había debajo de mí se desmoronara y, en su lugar, solo quedara un vacío oscuro, profundo y aterrador. La psiquiatra de entonces, que era diferente de la del centro psiquiátrico, me dijo que estaba atravesando una crisis de la mediana edad.

Después de meses de tratamiento y terapia, logré recuperar cierta estabilidad y regresar a mi vida cotidiana. Intenté retomar mi rutina, volver a ser ese hombre racional que había sido antes, pero la realidad era que nunca volví a ser el mismo. Las cicatrices de ese primer brote maníaco estaban ahí, siempre presentes, como un recordatorio constante de la fragilidad de mi mente. Sin embargo, traté de continuar. Reprimí el miedo que sentía a que todo volviera a repetirse, a que mi mente volviera a traicionarme. No quería enfrentar la realidad de que esa experiencia había cambiado algo en mí. Los doctores me habían recomendado tomar un trabajo menos estresante, cosa que hice. En el trabajo que tenía, reportaba directamente al CEO, que me despidió a los dos meses de haber apostado por mí. ¡Qué humillación! Tuve que superar pensamientos suicidas muy fuertes después de otros dos meses en paro y antes de empezar mi siguiente trabajo.

Pasé un año de terribles batallas internas, mi vida era sufrimiento y nada me hacía disfrutar. Decidí dejar la medicación sin supervisión, como hace el 90 % de los bipolares el primer año. Entonces, el segundo episodio llegó, y esta vez fue mucho más intenso. Durante ese segundo brote, me declaré en rebeldía desde dentro del hospital y estuve dos semanas sin medicación y prácticamente sin dormir. Comencé a creer que tenía una misión, un propósito divino. Me sentía elegido, como si mi existencia tuviera un significado mucho más grande del que había imaginado. Figuras religiosas e históricas aparecían en mis ideaciones, a veces sugeridas por otros pacientes del hospital. Uno me aseguró que era la reencarnación de San Ignacio de Loyola, y otro me dijo que tenía un destino especial y me dio a entender que yo era el hombre más grande del mundo. Yo confiaba en los pacientes más que en los doctores, claro.

Mi convicción era tan fuerte que hasta me escapé del hospital en dos ocasiones. Creía que el hospital era una trampa de las grandes industrias farmacéuticas, un lugar que me retenía y me impedía cumplir con mi misión. Sentía que cada segundo en ese lugar era un desperdicio, que mi deber estaba afuera, en el mundo. Una de las veces que escapé, estuve corriendo por los bosques salvajes de Valhalla, en las inmediaciones de un hospital del condado de Westchester, en el estado de Nueva York, durante varias horas, en mitad de la noche. Esto puede resultar inverosímil, pero tengo los informes médicos del hospital que lo corroboran con todo lujo de detalles. No corroboran lo que pasó en los bosques, aunque de eso sí tengo vívidos recuerdos, pero está registrada la hora en la que me escapé y en la que, supuestamente, me trajeron de vuelta. Mis escapes del hospital fueron infructuosos en realidad, porque al cabo de las horas me arrepentí y decidí volver.

En mi segunda escapada tuve un brote psicótico, y no solo vi pájaros de colores que flotaban en el aire y me guiaban para escapar de los helicópteros que supuestamente me buscaban (esto no puedo decir si realmente ocurrió o era un engaño de mis sentidos). Lo curioso fue la aparición de Dios a mi espalda, sentí un calor abrasador. Los libros de texto hablan de alucinaciones visuales y auditivas en los brotes psicóticos, pero no sensoriales. Lo más irónico de todo es que yo nunca he creído en Dios. Llámame ateo o agnóstico, no sé qué etiqueta me define, pero en esto consistió mi brote psicótico.

Después de dos semanas negándome a tomar medicación, un derecho que tenía, finalmente me llevaron a juicio y lo perdí. Mi argumentación era que tenía TDAH no diagnosticado y que a lo mejor la combinación de medicación no era correcta. Nadie me hizo ningún test de TDAH durante las seis semanas que tuve de hospitalización, pero aquello no cambiaba el tratamiento en realidad porque, cuando hay comorbilidad, se suele tratar la condición más preocupante, el trastorno bipolar en mi caso.

En el hospital me pasó de todo. En una ocasión pedí a los médicos que me pusieran una canción de mi pianista favorito, Ludovico Einaudi, y me dijeron que no tenían teléfonos. Me puse a protestar y un enfermero muy fortachón me llevó al *quiet room* con ayuda de otros enfermeros, donde me iban a atar a una camilla. No se me ocurrió otra cosa... ¡que desnudarme! Y los *patient care technitians* (así se llamaban los enfermeros allí) salieron a todo correr y me encerraron en aquel cuarto mientras yo daba vueltas en torno a la camilla, y los miraba y gritaba desafiando a la cámara que había en una de las esquinas, pegada al techo. En algún momento de mi hospitalización cogí COVID. Me llevaron a un ala para enfermos mentales con COVID y una noche de lluvias veraniegas torrenciales toda el ala se inundó y apenas pude dormir. Amenacé al psiquiatra a cargo con una demanda, cosa que es algo muy serio en Estados Unidos. Entonces me llevaron a una habitación normal de hospital. En algún momento hice algunas llamadas raras a excolegas de trabajo y me quitaron el teléfono fijo. Me atrincheré dentro de la habitación utilizando la cama y la silla reclinable, y exigí una reunión con el director general del hospital para quejarme por el trato recibido. Se armó un buen revuelo al otro lado de la puerta, con los de seguridad intentando entrar. Finalmente, lo lograron. El director general del hospital nunca vino y me quedé sin silla reclinable. Yo estaba desarrollando la paranoia de que el psiquiatra a cargo no me iba a dejar salir de mi aislamiento, incluso si ya había pasado el COVID, y me retendría allí para siempre. Al día siguiente volví a atrincherarme solo con la cama, pero un enfermero logró entrar y me dijo:

—*Just surrender.*

«Solo ríndete».

Al mismo tiempo me llegaron rumores de que mi propio padre estaba entrando en depresión. Aquello me hizo bajar los brazos, me rendí.

Pero la realidad, inevitablemente, volvió. Gracias a la medicación y al apoyo de los profesionales, mi mente empezó a aclararse. Los planes maestros, aunque seguían presentes en algún rincón de mi mente, comenzaron a disiparse. Fue un proceso doloroso, como despertar de un sueño que, aunque aterrador, era también hermoso. Me encontré en un vacío, un espacio entre la razón y la locura, tratando de entender lo que había vivido. La espiritualidad que experimenté en esos momentos de psicosis me dejó una marca profunda, pero esas escapadas del hospital también me dejaron con síndrome de estrés postraumático durante el siguiente año. Siempre que escuchaba helicópteros o veía coches de Policía pensaba que irían detrás de mí. Al salir del hospital, comencé a sentirme culpable por haber estado mes y medio hospitalizado y haber generado un gran caos con todo aquello. Mi familia había sufrido lo indecible. Mis padres, mi mujer y, sobre todo, mis hijos. Y mi hermana, mis tíos, primos y muchos amigos habían estado pendientes de mí durante esos días aciagos.

Después de mi alta del hospital, volví a casa y descubrí que mi foto había sido eliminada de la página web de mi empresa. Tenía terribles lagunas de memoria (no sabía reconocer a vecinos que me saludaban, no me acordaba de mis claves bancarias) y mi habilidad para hacer cálculo mental se había ralentizado terriblemente. Para sumar veintidós más treinta y dos necesitaba de varios segundos o, directamente, no podía proceder al esfuerzo mental de ejecutar ese cálculo. Durante meses me movía a cámara lenta y, aunque tenía cuarenta años, me sentía como un viejo de ochenta.

Con el tiempo, comencé a escribir sobre mi experiencia. No como un diario, sino como un intento de capturar, en palabras, aquello que había vivido y que no podía compartir plenamente con nadie. Escribir se convirtió en mi forma de reconciliarme con mi propia mente.

A medida que profundizaba en mi escritura, descubrí que el simple acto de expresar mis pensamientos me ayudaba a encontrar paz. La escritura me permitía revivir mis experiencias desde una distancia segura, desde una posición en la que podía observar, comprender y aceptar lo que había pasado sin dejarme arrastrar por el vértigo de aquellos recuerdos.

El primer año después de la larga segunda hospitalización fue terrible. Estuve desempleado, tirado en el sofá, aislado socialmente, salvo por una fiesta a la que me invitaron y en la que seguramente no debí de estar muy hablador. Al salir del hospital tuve que ir a un hospital de día a hacer unas terapias que me resultaban deprimentes, y las medicinas no me permitían conducir, por lo que me recogía un autobusillo paramédico para llevarme allí junto con algún anciano. Recuerdo las llamadas a mis padres desde los jardines, que sí eran bonitos, pero yo no quería estar allí. Y los sándwiches con pan reseco que nos daban para comer. Recuerdo la ansiedad social que me producía ir a la compra y acercarme al cajero, o la ansiedad en general de coger el coche y no saber dónde acabaría aparcando cuando iba a algún lugar. Al cabo del año, conseguí un nuevo empleo, pero a los tres meses de estar trabajando se desencadenó mi fracaso matrimonial. Teníamos tres hijos. Aquello era tan doloroso, por ser tan contrario a la idea de familia que siempre aspiré a crear, que una oleada de nuevos pensamientos suicidas me inundó. Ya no era suficiente con ideaciones, sino que pasé a la siguiente fase: planeación. Pero ningún plan me convencía, y el que más me gustaba, saltar desde un rascacielos de Nueva York, tenía un inconveniente muy importante. Para llevarlo a cabo, debería tener fuerzas suficientes para coger un tren a la ciudad, y lo que para otros es un esfuerzo rutinario para mi mente deprimida era prácticamente inverosímil.

Entonces llegó la reunión con el doctor Igor Galynker, especializado en prevención de suicidios, que en tan solo una hora desmontó todos mis planes con gran habilidad. «El suicidio es una solución permanente a un problema temporal», fue lo que me dijo. Y se me quedó grabado.

Viví durante año y medio en el sótano de mi casa. Durmiendo y trabajando sin luz natural. Mientras el proceso de divorcio finalizaba. Y aquello que *a priori* podría parecer una existencia triste y terrible se convirtió en un acelerador de ideas para mí.

Leí cuanto pude de los mejores libros de autoayuda que cayeron en mis manos: Tonny Robbins, Robin Sharma, Robert Kiyosaki y James Clear, entre otros. Y así, de la noche a la mañana, algo hizo clic. Decidí que iba a construir la vida de mis sueños. No como un síntoma de manía bipolar, sino con la ayuda de mentores y expertos, con estrategia, trabajo y esfuerzo. Me formé para dejar mi trabajo en energías renovables y ser *coach*. Terminé la novela de fantasía en la que había trabajado durante los últimos quince años, *Arzan Cuernoscuro*. ¡El gran sueño de mi vida se cumplía! Y empecé a trabajar en mi libro de autoayuda sobre trastorno bipolar, desarrollando un método de *coaching* que llamé «Bipolar y Poderoso». También trabajé en una aplicación móvil de salud mental, OpenUpp, y creé una organización sin ánimo de lucro, Brilliant Bipolars.

Con el paso de los meses, mi vida fue encontrando un nuevo equilibrio, uno que nunca había imaginado. La mente humana es capaz de vislumbrar dimensiones que escapan a la razón, que hay aspectos de la existencia que solo pueden percibirse en los márgenes de la cordura. Aprendí a no temer a esos rincones oscuros de mi mente, a reconocer que forman parte de mi historia, pero yo no tenía la culpa de lo que me había pasado, ni lo había elegido. La enfermedad mental es como cualquier otro tipo de enfermedad. No quería esconderme, y quería sentirme orgulloso de ser quien soy. Comprendí que mi experiencia podía ser de ayuda para otros. Decidí que necesitaba normalizar mi trastorno bipolar y contar mi experiencia, y aposté todo a una carta: hacerlo en una charla TEDx. Cosa que hice en abril de 2024, bajo el título *Living fully with bipolar disorder*, que podríamos traducir como *Viviendo plenamente con trastorno bipolar*. ¡Hablemos abiertamente sobre salud mental, amigos! Y sin miedo a las repercusiones. Porque hay que cambiar el *status-quo*. Pero, si tuviera que pedirte que te quedes con una sola idea de este capítulo, volvería al inicio y te diría: ¡Duerme! Duerme de 7 a 8 horas al día. Tu salud (y no solo tu salud mental) te lo agradecerá.

NOHORA M. PARGA

«UN ICTUS PARA CUIDARNOS MEJOR»

Comunicadora, autora, pintora. Exploradora del arte de vivir el día a día de manera creativa, con gozo y agradecimiento. Comparte su experiencia en escritura terapéutica, gestión emocional, crecimiento personal y espiritual, e invita a sintonizar con la frecuencia del amor, a vivir con más paz interior, gratitud y alegría, pase lo que pase.

En octubre de 2012 tuvo una hemorragia cerebral que le cambió la vida. Desde entonces investiga temas de salud, de crecimiento personal y de espiritualidad. Divulga sus experiencias, investigaciones y reflexiones tanto en su web (https://nmparga.com/blog/) como en las redes, talleres y eventos.

Ha autopublicado dos libros en Amazon. En el 2016 publicó *El gozo de existir, la felicidad tras superar mobbing e ictus*. En el 2018 salió a la venta su novela *Adiós, niña buena*, que explora el crecimiento personal desde la sexualidad. En la actualidad, trabaja en varios proyectos colectivos de arte y literatura.

Puedes encontrar a Nohora en Youtube, Instagram, Facebook, Twitter y LinkedIn.

UN ICTUS PARA CUIDARNOS MEJOR

La enfermedad puede ser el inicio del despertar espiritual y una invitación a conocerse y a cuidarse mejor. La muerte, tan temida por muchos, es un portal a otra forma de existencia, y no hay nada que temer. Lo sé porque he estado ahí, bailando en esa línea sutil que nos separa de la vida.

En octubre de 2012 sufrí un ictus. Fue una hemorragia cerebral (subdural y occipital) súbita. En un ictus se produce una interrupción del flujo sanguíneo (isquemia, infarto, trombosis, embolia) o una rotura en una arteria o vena (hemorragia o derrame) que priva al tejido cerebral de oxígeno y de nutrientes esenciales. Puede suceder de manera súbita o gradual.

Aunque los cirujanos le dijeron a mi marido que yo moriría esa noche, contra todo pronóstico, sobreviví. Fue una etapa llena de desafíos y el comienzo de un despertar en todo sentido.

Antes de esta experiencia no conocía nada del tema. Meses después, leí las estadísticas y me asombré al saber que era la primera causa de muerte en las mujeres europeas. Cada año se producen en España unos 120.000 nuevos casos de ictus. De los cuales, unas 25.000 personas fallecen y cerca de 35.000 desarrollan una discapacidad, según la Sociedad Española de Neurología (SEN). Dicen que una de cada cuatro personas en España sufrirá un ictus a lo largo de su vida.

Además, el número de casos de accidentes cerebrovasculares registrados en España aumentó de 108.382 en 2011 a 434.369 en 2016, según Statista. Y hubo 24.688 defunciones por enfermedades cerebrovasculares en 2022, según el informe de estadística de defunciones según causa de muerte del Instituto Nacional de Estadística (INE).

La SEN y las farmacéuticas, que financian los estudios, prevén un incremento del 39 % de defunciones por ictus entre 2015 y 2035. La causa, según ellos, es el envejecimiento de la población.

Y yo me pregunto: ¿es esa la verdadera causa? ¿Qué otros factores influyen? ¿Por qué en estos últimos cuatro años hay niños con ictus cuando antes no había? ¿Por qué los infartos están afectando a tantos deportistas jóvenes?

Yo tenía treinta y siete años cuando me sucedió. Llevaba varios años viviendo una situación complicada en mi trabajo y el estrés sufrido durante esos años fue el detonante. Además, durante las pruebas antes de la cirugía, se evidenció una malformación cerebrovascular congénita que contribuyó al desenlace.

No fumaba, no consumía drogas ni fármacos, no tomaba anticonceptivos, casi nunca bebía alcohol. Nada de diabetes, ni colesterol, ni presión alta. Hacía deporte, comía sano, estaba delgada. Tenía un estilo de vida saludable y una familia amorosa. Los únicos factores de riesgo en mi caso eran el estrés en el trabajo (una empresa de tecnología) y la predisposición genética.

Lo curioso es que los accidentes cardiovasculares suelen producirse en momentos de calma después de la tormenta. Me había quedado sin trabajo y, una semana después, mientras comía con unas amigas, sufrí la hemorragia. Sentí un dolor horroroso, me faltó el aire, vi todo negro y me desplomé.

¿CÓMO IDENTIFICAR SI ALGUIEN ESTÁ TENIENDO UN ICTUS?

Es vital llamar al 112 si la persona presenta síntomas como debilidad o parálisis facial, pérdida de fuerza en un brazo o una pierna, incapacidad para caminar erguido, pérdida de sensibilidad, hormigueo, pérdida brusca de una parte del campo visual, fuerte dolor de cabeza y desmayo. Si afecta a una zona del lenguaje, habrá dificultad para hablar o entender. Se pueden decir incoherencias o pronunciar mal las palabras.

Cada segundo cuenta. «Se pierden dos millones de neuronas por minuto cuando hay un ictus». Por fortuna, la ambulancia llegó rápido, me pusieron oxígeno de inmediato y me llevaron al Hospital 12 de Octubre, donde me atendió el equipo de urgencias que estaba de guardia. Tuve parada cardiorrespiratoria y estuve tres días en coma.

LOS CUIDADORES Y LA RED DE APOYO

Cada vez que despertaba, la luz y el ruido me molestaban. Sentía un dolor de cabeza insoportable. Estaba consciente unos segundos y me volvía a dormir. Cada vez que abría los ojos, le preguntaba a mi marido dónde estaba y qué había pasado. Había perdido la memoria a corto plazo. Si yo sentí dolor, él vivió un calvario.

Ambos somos extranjeros y no tenemos familia cercana. Mi marido llamó a mi hermana, que vive en Colombia, cuando el cirujano le dijo que lo más probable era que yo muriera en el transcurso de la noche.

La noticia dejó en *shock* a toda mi familia. Mi hermana consiguió un visado por razones humanitarias y en tres días estuvo en Madrid. Ella y mi marido se turnaron para acompañarme en el hospital, para cuidar a nuestros hijos (de siete y tres años) y para ocuparse de las labores de la casa.

Mi hermana estuvo un mes con nosotros. Luego vino mi madre por tres meses y, después, una tía nos acompañó durante otro mes. La familia es el pilar del cuidado, y el 85 % de los cuidados vienen de una mujer, con una media de edad de 52 años, según se dice en El Rincón del Cuidador.

Es importante crear una red de apoyo, ya sea con familiares, amigos o conocidos que puedan ayudar de vez en cuando. Algunos amigos cuidaron a los niños en momentos puntuales; otros me visitaron y acompañaron en el hospital, y el jefe de mi marido también fue bastante comprensivo, por lo que mi marido tuvo unos días de excedencia para organizarse al inicio y pudo bajar un poco el ritmo de trabajo cuando se incorporó.

Nadie está preparado para vivir algo así. Además del miedo a perder al ser querido o del dolor al verlo sufrir, los cuidadores familiares se enfrentan a la incertidumbre. Surgen un montón de dudas que muchos médicos no ayudan a resolver. La situación se complica cuando el paciente deja el hospital.

«¿Y ahora qué vamos a comer?», preguntó mi hijo de tres años cuando se enteró de que mamá estaba «malita» y debía quedarse en el hospital unos días. Mi marido viajaba mucho y yo pasaba la mayor parte del tiempo con mis hijos. Yo iba al mercado y cocinaba. Eso también le tocó de golpe.

Como surgen muchas dudas, algunos familiares de los afectados recurren a los grupos específicos de supervivientes de ACV (accidente cardiovascular) o de DCA (daño cerebral adquirido) a través de las redes sociales, en busca de información o ayuda. Páginas web como patientslikeme.com son una manera de intercambiar experiencias y soluciones de problemas relacionados con la rutina diaria.

Ayuda mucho poder hablar con alguien del asunto. Existen grupos presenciales y *online* para cuidadores no profesionales que quieran desahogarse y compartir experiencias e información sobre soluciones de movilidad. Por ejemplo, El Rincón del Cuidador ha creado el plan «Cuídate y Radiocuidado», un programa que da voz a los cuidadores y a expertos en cuidados.

También existen asociaciones y centros de rehabilitación del daño cerebral donde podemos pedir información o ayuda. En España encontramos, por ejemplo, APANEFA (Asociación del Daño Cerebral Sobrevenido), CEADAC (Centro de Referencia Estatal de Atención al Daño Cerebral), FEDACE (Federación Española de Daño Cerebral), Somos Pacientes (una comunidad de asociaciones de pacientes), Convives (una asociación sin ánimo de lucro para personas con espasticidad) y Freno al Ictus.

Incluso pueden ser útiles algunos libros y vídeos testimoniales para entender la experiencia y obtener información para la rehabilitación. En mi caso, el vídeo *El derrame de iluminación*, de la neuroanatomista Jill Bolte Taylor en TED me ayudó a entender el ictus y la experiencia de unión con el Todo que ella y yo vivimos; así como *Todo un viaje* de Silvia Abascal, que me dio pistas para cuidarme mejor. Esta fue una de las razones por las que en el 2016 escribí y publiqué mi testimonio: *El gozo de existir: la felicidad tras superar mobbing e ictus.*

Además, recordemos la importancia de los cuidadores: ellos soportan mayor o menor cansancio y estrés según el nivel de dependencia y el estado de ánimo de la persona afectada. Pueden sentir un gran desgaste emocional y físico. Se requiere de mucha fortaleza, paciencia y serenidad para salir adelante en equipo. La recuperación conlleva invertir tiempo y dinero, que en muchos casos son factores adicionales de estrés.

Es más, algunas personas tienen que dejar su trabajo o reducir su jornada laboral por no poder costear los servicios adecuados para el cuidado de adultos dependientes. «El porcentaje más alto de ocupados a tiempo parcial porque cuidan a personas dependientes corresponde en mujeres al grupo de edad de 35 a 44 años (52,1 %) y en hombres al de 45 a 54 años (46,9 %)», según el INE.

La persona que cuida debe cuidarse a sí misma. Para liberar la mente, eliminar toxinas y segregar endorfinas (sustancias que mejoran el estado de ánimo), es vital tener una alimentación balanceada, practicar ejercicio físico, escuchar música, reírse, bailar, meditar. Todo esto se puede hacer mientras se cuida a otro.

En la medida de lo posible, se recomienda fomentar la autonomía de la persona dependiente. Hay que animarlo para que realice o intente realizar las actividades de manera autónoma, aunque le cueste o lo haga con lentitud.

Al igual que dos de cada tres personas que sobreviven a un ictus, tuve daño cerebral adquirido. Dependiendo de la zona afectada del cerebro y del tiempo de asistencia médica, se pueden producir secuelas físicas relacionadas con la movilidad, la espasticidad, la visión, el oído, el habla, así como trastornos del ánimo, cognitivos y de personalidad.

Yo perdí la memoria a corto plazo, la movilidad en el lado derecho del cuerpo y la mitad del campo visual (hemianopsia). Además, tuve vértigo e hipersensibilidad auditiva. Al principio, no me podía mover. Usaba pañales y las enfermeras me aseaban en la cama. Después dependía de mi marido para ir al baño.

El ictus me obligó a parar. Durante los primeros días estuve en una especie de limbo, un espacio blanco, luminoso y silencioso entre lo físico y lo sutil, entre el dolor insoportable y la paz más profunda. Mi mente se silenció y comencé a escuchar la voz de mi conciencia.

CLAVES DE LA RECUPERACIÓN Y EL AUTOCUIDADO

Cuando recuperé la memoria a corto plazo y comprendí lo que había sucedido, sentí una gratitud inmensa por el regalo de la vida y por la nueva oportunidad de disfrutar de todos los seres que amo. La gratitud fue una energía poderosa que me ayudó a recuperarme más rápido y con alegría. Estaba decidida a salir adelante y lo hice paso a paso, con amor a mí, un reto a la vez. Agradecí y celebré cada pequeño logro sin prisas.

Con gratitud y determinación, volví a sentarme, a levantarme y a caminar. Al comienzo, con ayuda. Volví a comer sola. Y a pesar de haber perdido la mitad de mi campo visual, volví a leer, a escribir y a pintar.

«Nunca habíamos visto llegar a nadie tan grave recuperarse tan rápido», dijo uno de los cirujanos cuando mi hermana le preguntó si me estaba restableciendo a buen ritmo. Salí del hospital caminando sola. Eso consta en el expediente como una proeza.

Antes, me hicieron más pruebas y me dijeron que me tenían que operar otra vez para limpiar la malformación congénita en condiciones óptimas. De lo contrario, volvería a sufrir otra hemorragia.

Entre las dos cirugías me dejaron ir un fin de semana a casa con mis amores. Qué delicia volver a dormir en mi cama, en mi paraíso. Mi hijo mayor estaba preocupado: no quería quedarse sin mamá. Mi hijo de tres años no entendía la situación. Mi nuevo aspecto le asustaba y estaba enfadado conmigo porque se sentía abandonado.

Entre mimos, besos y abrazos, les dije que los amaba, que eran lo más bello en mi vida y que era mi intención mejorarme y dejar el hospital lo antes posible para estar con ellos y prepararles comida rica. «Todo va a salir bien», prometí.

Al día siguiente me abrieron el cráneo de la coronilla a la nuca. Mientras despertaba de la anestesia, tuve una experiencia maravillosa e inefable: estaba en un estado de armonía, paz, bienestar, gozo y contemplación del universo en su belleza. Era un gas en expansión. «Así se siente la muerte, es un liberarse del cuerpo, del personaje y del mundo», pensé.

Pero una enfermera me quitó la vía nasal y volví a sentirme dolorida y dislocada en el cuerpo. Sin embargo, lo que viví en este encuentro con lo más profundo de mi ser me dejó por varios días un cosquilleo eléctrico por toda la piel y una sonrisa tatuada en la cara.

Esta experiencia maravillosa lo cambió todo. Comencé a hacerme nuevas preguntas, a recordar, a atar cabos. Dejé de tenerle miedo a la muerte. Comencé a investigar y a explorar nuevos caminos de consciencia.

Para darme el alta, me obligaron a hacer una arteriografía, prueba que considero una tortura innecesaria, dolorosa y aterradora, durante la que muere el dos por ciento de los pacientes. Las seis horas siguientes fueron las peores que pasé en el hospital.

Ya, en casa, vinieron meses de descanso y de recuperación. Los médicos no me recomendaron ningún centro de rehabilitación, así que visité especialistas por mi cuenta. Tenía arritmia, hemianopsia, problemas de equilibrio e hipersensibilidad auditiva. Y me dolía todo el cuerpo porque solo podía dormir del lado derecho, ya que las cicatrices de la cabeza eran muy molestas.

No podía cortar con el cuchillo ni escribir a mano. Salir a la calle era toda una aventura y, al principio, solo lo hacía acompañada y del brazo de mi marido o de mi mamá. Mi pierna derecha había perdido destreza. El ruido me producía taquicardia y vivía con tapones en los oídos.

Los medicamentos que tomaba para el dolor tuvieron efectos secundarios, por lo que dejé de tomarlos e inicié un proceso de desintoxicación. Hice una dieta macrobiótica que en dos semanas me quitó la inflamación y los puntitos rojos que me habían salido en los dedos de las manos. Y aunque dejé la dieta, reduje el azúcar, el gluten, los lácteos y los productos procesados.

Me propuse hacer ejercicio todos los días. Por lo menos, ir a andar a un parque cercano. Para favorecer nuevas conexiones neuronales, cambiaba de camino, a veces daba pasos hacia atrás o con los ojos cerrados. Aprendí a meditar caminando.

Había hecho el curso de *reiki* antes del ictus y volví a practicarlo durante varios años. Con el tiempo, dejé de usar los símbolos y el método, y me concentré en sentir la respiración y el movimiento de la energía con intención.

Además, un curso de *pranayama* me enseñó nuevas formas de respiración y su efecto en el cuerpo. También me apunté a diseño humano, biodanza y pintura al óleo. Mi marido y yo hicimos un pequeño huerto en la terraza e iniciamos nuevos proyectos personales y profesionales.

También volví a escribir como forma de terapia. Esto facilitó mi autoconocimiento y comprensión de lo vivido. Y empecé a compartir mis experiencias, aprendizajes y reflexiones en mi blog.

Para mí, las enfermedades y los síntomas son mensajes de lo sutil a través de mi cuerpo, que es expresivo y somatiza rápido. Así que al principio leí sobre biodescodificación para entender las causas, resolver algún conflicto y, de paso, el malestar. Entendí que todo está conectado (cuerpo, alma, energía) y comprobé en mí cómo las emociones densas se acumulan en el cuerpo produciendo disfunción.

En silencio, la pregunta latía: ¿cómo puedo volver a sentir esa plenitud tan maravillosa, esa conexión con lo más profundo de mi ser? Indagando, me enteré de los testimonios de personas que habían vivido algo parecido durante la meditación o gracias al sexo tántrico.

Y ahí inicié mi exploración de la sexualidad como un campo de crecimiento personal y espiritual. Una oportunidad para deshacerme de creencias limitantes, prejuicios y tabúes. Participé en varios talleres presenciales con sexólogas que tenían enfoques opuestos. También hice un par de cursos *online* y obtuve un diplomado en sexualidad holística. Leí varios libros sobre sexualidad, erotismo y tantra, e hice terapia tántrica sola y con mi marido. También hicimos terapia sexual de pareja.

Como resultado, nuestra relación de pareja se hizo más profunda, libre y armoniosa. Nos dimos permiso para explorar. Aprendimos juntos a sentir el movimiento de la energía sexual con la respiración y la vibración, incluso en quietud y sin tocarnos. Sin prisas, sin expectativas, en total confianza. No hubo viaje en cohete a la estratosfera del placer, pero sí más amor, más paz, más gozo y menos apego.

Y de esta exploración de la sexualidad, junto con la pregunta de cómo volver a sentir la conexión con todo lo que existe, surgió la base para escribir mi novela *Adiós, niña buena*, lo que me valió la etiqueta de transgresora.

Con lo que pasó en el 2020 me cuestioné mucho todo lo que se refiere al negocio de la enfermedad, y busqué fuentes de información distintas, y alternativas para mantenerme saludable sin efectos adversos. Había muchos mensajes del discurso oficial con los que no resonaba.

En todo caso, yo ya iba por el camino de la alimentación saludable, el ejercicio, la meditación, la limpieza de emociones densas y el crecimiento espiritual. Sentía que había mucha contaminación mental, química, electromagnética, auditiva, y necesitaba limpiarme y encontrar una manera de disminuir esas interferencias.

En cuanto a la limpieza mental, por ejemplo, solté la creencia limitante de «ver para creer» porque comprendí que los ojos se dejan engañar y hay mucho más que solo se percibe con la consciencia. Ahora sé que primero creamos en la dimensión astral y luego manifestamos en lo físico.

Me di cuenta de que tenemos muchas creencias que nos encarcelan en la indefensión aprendida, que nos han condicionado como al perro de Pávlov. Y decidí salir de ese estado zombi en el que somos tan manipulables.

Eso también forma parte del autocuidado. Estar a la escucha de los mensajes del cuerpo, de la intuición y de las respuestas que yacen dentro. Soltar el drama del personaje humano para vivir con más gozo. Ir más allá de los límites físicos y mentales. Cada ser está en una fase distinta del proceso, con un estado de consciencia que determina su percepción de la «realidad».

Gracias al ictus, entre muchas otras cosas, aprendí a cuidarme mejor, a mí y a los que amo.

Bibliografía

El Rincón del Cuidador: https://www.elrincondelcuidador.es/psicologia/radiocuidados-cuidadores

Parga, N. M (2016). *El gozo de existir: la felicidad tras superar mobbing e ictus*, Madrid. Disponible en Amazon.

Statista Research Department (2024). «Número de casos de accidente cerebrovascular registrados en España de 2011 a 2016». Disponible en https://es.statista.com/estadisticas/992627/numero-de-casos-de-ictus-en-espana/.

Weber (2019). *El Atlas del ictus.* Disponible en https://www.sen.es/images/2020/atlas/Atlas_del_Ictus_de_Espana_version_web.pdf.